人

分裂するアメリカ

GS
幻冬舎新書
253

エピローグ 258

本文写真　99頁は関係者提供、
179頁はCharlie Neibergall/AP/アフロ提供、
225頁はAP/アフロ提供、それ以外は著者撮影

プロローグ

ティーパーティ運動とウォール街占拠デモ

２０１０年から２０１１年にかけて、アメリカでは２つの草の根の運動が巻き起こった。保守的な「小さな政府」を訴えるティーパーティ運動と、リベラルなニューヨークから始まったウォール街占拠デモだ。「医療保険に税金を使わないでほしい」「経済的に富裕な１％を優遇し、99％をないがしろにしないでほしい」

主張の中身こそ違ったが両者は奇妙なほど似ていた。それは「反ワシントン」のポピュリズムだ。

アメリカになさそうで意外にあるもの、それは先鋭的な保守とリベラルの思想をもつ男女の恋愛や結婚である。まさに「空間」をまたいだ愛だが、クリントン大統領の選挙参謀を務めたジェームズ・カービルと共和党戦略家の妻の夫婦のほか、作家のソフィア・レディ夫妻もいる。こうした白人同士の結婚だけでなく、思想と人種の双方を横断した結婚もある。私の友人にも白人共和党支持者とアジア系の民主党支持者の夫婦がいる。

水と油の関係に見えて、彼らには1つの共通性がある。保守かリベラルかというイデオロギーの違いを乗り越えるほどの、ものすごく政治好きという特徴が2人を結んでいる。戦争や安全保障の政策から、同性愛者や女性の権利などの文化問題まで、徹底的に食卓や寝室で議論を重ねる。まるで舌戦を楽しんでいるかのように端からは見える。私の周囲の党派横断カップルには、夫が共和党で公職に立候補する一方、妻がリベラルな人権運動に参加している例もある。

逆説的に言えるのは、政治に熱い思いをもっている層と無関心な層の「分裂」のほうが、実は深い溝となっていることだ。たしかに保守とリベラルのカップルの成立率は低い。しかし、政治活動や選挙に参加している人と政治が嫌いな人の恋愛は、もっと成就しにくい。今アメリカで進行している亀裂はまさにこれである。真ん中の無党派をおいてきぼりにして、左右がどんどん先鋭化している。右派と左派の相互理解が難しくなっているようにみえて、実は「政治的な層」と「非政治的な層」が会話を成立させるための共通言語が失われている。

ティーパーティ運動とニューヨークから全米に広がったウォール街占拠デモは、ともに保守とリベラルの「怒り」を体現した運動だ。しかし、ティーパーティ運動を焚き付けた1人とされる共和党のロン・ポール下院議員がウォール街占拠デモにエールを送り、リベラル派がティーパーティの怒りに一定の理解を示すように、反ワシントンの活動家層は、似た者どうしでもある。

ウォール街デモに参加して、公園のテントや段ボールで夜を明かす活動家のことを、仕事と子育てで忙しい大多数の市民は奇異な目で見る。「暇だからデモができるのだ」「デモをしている暇があれば働けばいい」と手厳しい。

選挙の集票で一番の難所は、政治的な人の思想を変える作業ではない。政治的な有権者は、シングルイシューに固執する傾向があるので、その有権者のイシューさえ尊重すれば、ほかの点では妥協的な交渉に応じる「ものわかりのよさ」がある。

むしろ大変なのは、政治にまるで関心のない人に投票をしてもらうことだ。政治家は保守の論理にしろ、リベラルの論理にしろ、健全な怒りをもってほしいと願っている。しかし、市民の政治参加が過激なデモで体現されればされるほど、一般の無党派層は政治とのかかわりを渋っているのも事実だ。

「反オバマ」に繋がりかねないマイケル・ムーア的なポピュリズム

民主党には「マイケル・ムーアがでてきたら、選挙で負ける」というジンクスがある。

2000年の大統領選挙では、ムーアはかつてのボスの、第3候補で消費者運動家のラルフ・ネーダーを応援し、ゴアの票を奪って民主党を落選させた。2004年には、9・11の心の傷が癒えきっていないアメリカで、ブッシュ批判の映画『華氏911』を投票直前に公開し、ブッシュに忠誠を誓う共和党と愛国派の投票率をかえって上げてしまった。２００８年、ムーアは目立った動きを見せなかったが、それが幸いしてか民主党は無事ホワイトハウスを奪還した。

オバマ周辺が恐れているのは、ムーアが過激なポピュリズムを盛り上げ、右派の反発、つまり保守派の投票率を上げ、同時に民主党の穏健派と無党派層の離反を招くことだ。ウォール街占拠デモでは、ムーアがデモの賛同者としてテレビに出演し続けた。アメリカの中道派や無党派層は、ムーアが支援する運動は、きっと過激で左派的であるに違いないと条件反射で考えやすい。ムーアの支援のせいで、ウォール街占拠デモのラディカルさが公認されてしまった。

ムーアはそもそも「映画監督」ではない。ミシガン州フリント出身で、大学中退後、自動車の組み立て作業員を経て『フリント・ボイス』というミニコミ紙を創刊。左翼系雑誌『マザー・ジョーンズ』、ラルフ・ネーダー事務所などを転々とした。映画館のスクリーンは、政治活動家のムーアにとって、政治運動の表現装置の１つにすぎない。

シカゴ大学のブルース・カミングスは、マイケル・ムーアについて、デビュー作『ロジャー＆ミー』（１９８９年）を例に「１９６０年代の草の根ポピュリズム感を体現した虚勢を張ったユーモアへの先祖返り」であること、「この手の政治的メッセージをもった作品としては異例の商業的成功をおさめた」点に驚きを示した。

ムーアのような革新的な映像作品が過去になかったわけではない。過激で革新的な政治的メッセージを帯びた映像作品は存在した。しかし、ドキュメンタリー仕立ての手法で、商業的に成功をおさめたケースはきわめて少なかった。ムーアの作品は商業的成功で広く流通し、「商業映像ポピュリズム」として、無視できない政治的影響力をもつようになった。

「ムーアはいかなる公職にも立候補しようとしないし、それを望んでもいない。いかなる編集者、監督、財団に附随して働いているわけでもなく、それがゆえに完全なる無責任である。真の独立系であり、こういう人物は滅多に存在しない。ムーアの唯一の仕事は政治、それも独り政治である。法的にも市場においても彼を規制する手段はない」

批評家のジェシー・ラーナーがこう述べるように、ムーアは「無責任さ」の象徴である。ムーア流の「反ワシントン」活動は、民主党のリベラル派すら遠ざけてきた。無責任な「反ワシントン」は「反オバマ」に繋がりかねない。

こうした状況が、オバマが目指していた「1つのアメリカ」ではないことは自明だ。オバマ大統領は大衆的なデモには一貫して距離をとっている。今後も基本的にその姿勢は崩さないだろう。リベラル派の議員たちは「大統領に立ち上がって拳を振り上げて怒ってほしい」と苛立ちを隠さない。オバマ自身が大統領になるまではポピュリズム的な運動の恩恵を受けてきたのだから、矛盾を感じる気持ちはわからないではない。

分裂の種としてのブッシュ政権

ジョージ・W・ブッシュ政権は正反対の2つのものを生んだ。1つは、ティーパーティ運動、もう1つは、オバマ政権だった。ブッシュ政権を定義したのが9・11テロだったとすれば、オバマ政権を定義したのはそれを受けてイラクに攻め込んだブッシュ政権だった。ブッシュ政権が存在しなければ、オバマ政権は誕生していない。

2000年代の後半、イラク戦争の泥沼化への国民の苛立ちのなか、共和党内の「小さな政府」を徹底して求めるグループが、ブッシュ政権に「イラクから撤退しろ」とイエローカードを突きつけるようになった。この根が政権をまたいで、全米規模のティーパーティ運動に化けた。

そして民主党でも、1990年代以降の党の中道化に、リベラル派が不満を募らせる「内紛」が2000年代半ばに発生していた。発火点はイラク戦争だった。2002年、ヒラリー・クリントンを含む民主党の穏健派議員が、ブッシュ大統領にイラク侵攻への権限を与える賛成票を議会で投じたのだ。これが反戦リベラル派をおおいに失望させ、一貫してヒラリーに忠誠心の高かった女性たちまで一部離反した。

ヒラリーは地元ニューヨークの選挙民としてマイノリティ層やリベラル派を大切にしてきた

だけに想定外の動きだった。2000年当時、ヒラリーの上院選で働いたスタッフのあいだでは、ヒラリーが次(2004年)かその次(2008年)の大統領選挙に立候補することは、当然のことと期待感を込めて話題にされていた。

ヒラリーは上院議員1期目の大統領選(2004年)はジョン・ケリー上院議員に譲って、議会での実績作りに専念した。そして満を持して迎えた上院議員2期目の本命年(2008年)、上院1期目のオバマが彗星のごとく登場。あえて2004年を先輩議員に譲ったヒラリーにとってまさに皮肉以外のなにものでもなかった。

「ヒラリー以外の誰かを」を合言葉に、オバマ擁立を仕掛けたのはリベラル派だった。2006年の中間選挙後、下院でナンシー・ペローシというリベラル派の議長が誕生した勢いに乗り、「次の民主党大統領候補はヒラリーで決まり」という予定調和の流れに軋みを生じさせたのだ。オバマはイラク戦争に当初から反対していたことで、対抗馬として格好の候補とリベラル派に見初められていた。

つまりオバマ旋風は、「反ブッシュ」「反共和党」以前に、「反クリントン」としての民主党内の「リベラル革命」だった。ヒラリーがイラク戦争に反対し、リベラル派の信頼を守り抜いてさえいれば、上院議員1期目の新米オバマは、大統領候補者として台頭していない。

オバマが、政策の実現に欠かせない超党派路線に邪魔な党内リベラル派を、完全に切り捨てられないのは、自分が大統領候補になれた民主党内「リベラル革命」の歴史的根源を自己否定するようなものだからだ。

大統領は政権の誕生の生成要因から、就任後も完全には逃れられない。オバマは「反イラク戦争」「反民主党エスタブリッシュメント」で、ブッシュとヒラリーへのアンチテーゼとして登場した。今でも各種世論調査で、オバマの基礎票は依然として「黒人、リベラル派、高学歴、若年層、東部、世俗派」である。これを急にひっくりかえすことはできない。

オバマの中道化と政権の存在意義

オバマ政権下のアメリカは、雇用対策が行き届かないなか、8%台から9%台（2011年12月現在）の失業率が下がらず、経済に対する不満が鬱積している。皮肉なのは、個々のオバマ政権1期目の初動の政策は歴史的な成果でもあることだ。7870億ドルの大型景気刺激策、だいぶ後退したが医療保険改革などを成立させたことは特筆に値する。しかし経済の停滞と失業率はこれらの成果を台無しにした。当初、オバマ側近筋は「医療保険さえ通れば、中間選挙に大いに追い風になる」と読んでいたが、クリントン政権が実現できなかった医療保険に対抗する「党内の論理」が優先し、国民全体の感情とティーパーティ運動の力を軽視していた。

結果として民主党は、2010年中間選挙結果で大敗し、下院で63議席も失った。政権交代後最初の中間選挙は与党敗北のジンクスがあるし、とりわけ2008年はオバマ旋風でさほどリベラルではない穏健な選挙区から、追い風の勢いで当選したケースも多々あったので、民主敗北そのものはある程度想定内ではあったが、その規模は想定外だった。

あわてたオバマ政権は、急激に中道に舵を切った。まず、所得税と配当税の期限付きの減税、いわゆる「ブッシュ減税」の2年延長を決めた。そして首席補佐官にリチャード・デーリーというJPモルガン・チェースの人材を引き抜いた。前任のラーム・エマニュエルがシカゴ市長選に出る事情もあったものの、「リーマンショック」後の法外なボーナスを「恥を知れ」と激しく非難していたオバマからすれば、ウォール街との手打ちにも見えた。さらに、財政赤字削減で「防衛費を除く経費の5年間凍結」をもち出し、韓国とのFTA（自由貿易協定）を実現させるなど、自由貿易路線を鮮明にした。

自由貿易路線にアメリカ国内が諸手をあげて賛成していたわけではない。米韓FTAは、2007年に共和党ブッシュ政権が署名したものだが、批准が実現していなかった。韓国が農業とサービスで、アメリカがコメと繊維で妥協したが、アメリカの自動車産業、鉄鋼製造業、そして労働組合の反対で、議会で批准が停滞していたのだ。

オバマ大統領自身は、上院議員時代からFTAに慎重な立場だった。2008年大統領選挙でも、韓国にアメリカの自動車産業にとって「アンフェアな非関税障壁」が存在していることを理由に、現行合意での批准には否定的な見解を示していた。

国内経済の停滞が後押しした事情は否定できない。アメリカ商工会議所は、オバマ政権下では58万5800人の雇用が失われると警告を発し、その約3分の2にあたる38万3400人の失業は、コロンビアと韓国とのFTAを批准しないことが原因で発生するものであり、5年間で輸出規模を2倍に拡大するには、韓国、コロンビア、パナマとのFTAしかないと主張した。

オバマ政権の中道化戦略の狙いは、ビジネス界への接近であり「経済中道化」だ。「文化・社会争点での中道化」ではない。「イノベーション」「アメリカンドリーム」という保守派も否定はできないテーマを掲げ、中国、インドとの競争意識を煽った上で、Google、Facebookといったアメリカ発のユニバーサルな成功例の再生産を促す。インフラや教育への投資を正当化することで、削減一本やりの共和党保守派との差を際立たせている。

中間選挙敗北後のある時期、かなり早期に、2期目再選を目指す決断をオバマがしたと、オバマ政権の複数の高官が述べている。例えば内政省庁のある高官は「ブッシュ減税の延長は戦略的に合理的な妥協です。あそこで減税廃止をしていたら、ティーパーティ派の暴発で共和党の攻撃が強まっていました。2年間やって成果が出せないまま終わりになるか、次の2期目を目指すか。オバマは2期目を選びました。一時的な妥協はやむを得ません」と私に述べ、ブッシュ減税を擁護した。

ホワイトハウスでかわされる腹芸

「逆風がとても大きくて、野心的な政策は打ち出しにくい」

一方、ホワイトハウスの補佐官を務めるある人物は私にこうこぼす。リベラル派の代弁者としてホワイトハウスに入ったスタッフも、議会のリベラル派議員の意向を伝達する役目から、ホワイトハウスの中道化をリベラル派に説明する任務を逆に背負わされている。「板挟み」は端から見ていても痛々しいものがある。現在の上司（大統領）とかつての上司（議員）のあいだに挟まれる彼らの苦悩がわかるだけに、リベラル派の議員も、無理難題を押し付けることはない。

むしろホワイトハウスのスタッフ側が心配して元上司の議員に電話をかける。ホワイトハウスに籠っていると世論調査の数字しか見えない。選挙区対応を通して、現場で国民の不満を感じているのは議員だ。

「市民はオバマ大統領をどう思っていますか」

「地元シカゴの選挙民？　みんな大統領に怒っているし、民衆の声をしっかり聞くべきだと言っている。みんな今の経済状況に疲弊しきっている」

大統領補佐官は神妙に拝聴する。決して反論しない。

ホワイトハウス内の経済会議の席上、この緊急時にあっては財政赤字よりも雇用対策だとして、ある議員がガイトナー財務長官を怒鳴りつけた。会議後、議員のブラックベリーが鳴る。

「財務長官を怒鳴りつけたらしいですね。ホワイトハウス内でももっぱらの噂ですよ」

大統領にはあえて直接言わない。かつての部下の大統領補佐官を介したデモンストレーションでじわじわと、プレッシャーやメッセージを与える。議員はこの一件の直後、人工妊娠中絶の権利賛成派の会合で大統領に直に会っている。経済の話はあえてしなかった。

「大統領は、私が彼を愛していることはよく知っている。だからこそ、私の叫びが間接的に耳に入るほうがじわじわ応《こた》える。『すまない』と思わせるには間接的に伝わるのがいいのです。テレビではこういうことは言わない。テレビでのコメントというのは、まったく別の種類のものだから」

オバマ大統領の出身母体であるリベラル派にまで、元スタッフという「伝書鳩」を通じたコミュニケーションやホワイトハウス内の「噂」を用いるなど、妙な腹芸を強いるオバマ政権の緊張感は尋常ではない。各層に及ぶアメリカの「分裂」は深刻だ。この分裂の傷をいたずらに広げないようにすることに、アメリカ政治は翻弄されている。

私にとってアメリカの党派的な分裂は目新しいことではない。１９９０年代の後半にリベラル派のジャニス・シャコウスキー連邦下院議員の事務所に勤務し、２０００年には　ニューヨーク州のヒラリー・クリントン上院選本部（ゴア大統領選ニューヨーク支部を兼ねていた）のアウトリーチ局で集票対策を担当した。マンハッタンのアジア太平洋諸島系の票田を本部でとりまとめる業務だ。ここでも〈保守〉と〈リベラル〉の大きな対立はもとより、シカゴ、ワシントン、ニューヨークの政治スタッフ仲間は、〈民主党穏健派〉と〈民主党リベラル派〉、〈クリントン派〉と〈オバマ派〉に内部分裂していた。

そもそも「分裂」はアメリカの歴史に根ざしたものでもある。アメリカ独立革命では、13の植民地が一度に独立した。そののち、13の「邦」を束ねて1つの国をつくるかどうか激しい議論があった。邦ごとの人口差、奴隷制度の有無など対立点は少なくなかった。北部と南部の対立は戦争にまで至った。そして分裂は様々な形で現代にも引き継がれている。アメリカの分裂の修復は一筋縄ではいかない――。

しかし、ティーパーティ運動とウォール街のデモのような散発的な動きが象徴する「分裂」は、オバマが目指し、そして次の「ポストオバマ世代」に残そうとしているアメリカとは真逆のように見える。リベラル派はティーパーティをオバマが黒人だから認めない人種差別主義者だと罵り、保守派はデモに参加する主婦や市民活動家を「社会主義者」とラベルを貼って中傷する動画をYouTubeなどの動画サイトにどんどんアップロードしている。両者のつばぜり合いに関わろうとしない「真ん中のアメリカ」は虚無主義に陥りがちだ。

アメリカが分裂のなかに「共通言語」を見つけることを喫緊の課題としているとすれば、それは彼らが求める「減税」や「雇用対策」など短期的な処方箋《せん》で満足できるものではないはずだ。

経済格差を越えて偏在する理念の分裂

アメリカ社会における経済格差は甚大である。奨学金制度の充実や教会など地域コミュニティの相互支援など、アメリカ的なセーフティネットも、まだまだ直接的に格差の埋め合わせにはなり得ていない。

他方で、ティーパーティ運動に見られるような、決して富裕層ではない中流層、時には低所得層までが、自分たちの生活を助けることにもなるはずの公的な医療保険制度に反対するメカニズムは、経済格差をめぐる対立軸だけでは見えてこない。仮に格差が縮まったとしても、オバマに反対する保守派の割合が極端に減ることはないだろう。

世論調査では誰もが「経済が重要である」と答える。しかし、「経済」という回答1つに込められた含意は、立場によって違う。純粋に雇用対策への願いもあれば、政府をスリム化してほしいという願いも経済への願望である。雇用についても、失業率の原因を政府の対策不足と見るか、市場の力を削ぐような規制や課税のせいだと考えるかでは異なる。

「アメリカンドリーム」の解釈ですら、リベラルと保守では違う。1％のとんでもない金持ちを社会に温存することが、「自由の国では誰もがああなれる」という見本の価値として、保守にとっては「アメリカンドリーム」だろうが、貧困層にも適切な教育を等しく与え、機会均等を原理的に徹底させることがリベラルにとっては「アメリカンドリーム」とも言える。

今そこにあるアメリカの危機の本質は、所得格差に象徴される貧困と階級闘争にとどまらず、むしろ、アメリカが元来抱える「理念」をめぐる分裂が、負の作用をもたらしていることにある。

法外なボーナスを貰い続けるウォール街を税金で救済することに、中間層が怒りの声をあげたのがティーパーティ運動の始まりだったが、運動の多様性は決してブルジョアの立場を代弁するものではないことを示しているし、保守派の富裕層とオバマのリベラル政権の争いの構図におさまるものでもない。ましてや人種差別的な運動でもない。運動に参加している白人の多さは、共和党支持層の保守派と農村の人口動態をそのまま反映している。

共和党、民主党を越えて「怒り」は偏在する。しかし、それは必ずしも貧困への怒りではなく、政府の大きさや税の使用範囲をめぐる「公」やコミュニティの概念をめぐる理念のズレでもある。ウォール街のボーナスに怒りの声をあげたティーパーティ運動は、「大きな政府」に反対しているのであり、公的資金を大きく投入する政策であれば、みずからの暮らしに関係する医療保険であろうと反対する。

中東やアジアなど遠方の戦争介入には反対しても、不法移民対策の国境警備には重武装で臨むことを希望する保守派もいる。イラク戦争反対がすなわち「リベラル」であるとは限らない。人道的な反戦の論理と「小さな政府」や非介入主義に基づく論理は、結果の政策が偶然似ることがあっても、理念は180度違う。

経済格差はアメリカが抱える大問題であるが、経済が好転して雇用が増え、格差が縮小することがあっても、思想や宗教に由来する「理念」はそう簡単には変容しない。世界的に課題となっている格差問題と比較すれば、理念の対立はよりアメリカ的なやっかいな問題とも言える。経済的な格差や旧来の人種対立の背後にある、アメリカの深部にひそむ分裂を本書では明らかにしてみたい。

第1章　素顔のティーパーティ運動

トクヴィルとアメリカ例外主義を語る保守

アイオワ州の州都デモイン――。2011年4月、日が暮れかけた頃、着飾った中年男女が街の中央部にあるホールに詰めかけていた。「ライジングスター（新星）」と題されたその夜のイベントは、州議会の新人共和党議員のお披露目をする共和党の会合だった。

アイオワ州は大統領選挙の指名争いで、全米50州で一番早く党員集会が開かれる。アイオワを制することが、勝利への足がかりになることから、アメリカでは政界の大物が頻繁に訪れる州のひとつだ。

この日は、ホール内の中央前方に着席していた私の斜め前で、金髪でくせ毛の白人男性が登壇を待っていた。小柄の男性は、ケンタッキー州選出のランド・ポール上院議員。会合の目玉は「ティーパーティ」系議員であるポールの基調講演だった。地元アイオワ州選出のチャック・グラスリー上院議員が、前座のスピーチを始めた。

「オバマ大統領に思い起こしてほしいことがあります。『フェデラリスト』ではアメリカの例外主義について語られていることです。1830年代にアメリカを研究にきたフランス貴族の〝デ・トックヴィル〟という人がいましたが、彼もアメリカの例外主義について語っていますね。ランド・ポール議員が、なぜ活気をもたらしているのか？　なぜランドとランドの父が提起する争点があまりにも重要なのか？　皆さんならおわかりになりますよね。ランドは怒りを議会に持ち込むためにワシントンにやってきました。マスケット銃はケンタッキーにちゃんと置いてきてくれたと思いますけど！」

場内がどっと笑いで包まれた。デ・トックヴィルとは『アメリカのデモクラシー』を著した19世紀のフランスの貴族アレクシ・ド・トクヴィルで、同書はアメリカ理解に欠かせない不朽の名作として知られる。だが、近年のアメリカではトクヴィルの言説がとりわけ保守系の政治家に、安易に断片的に引用される傾向が目立つ。「トクヴィルに触れておけば、保守言説に輝きが増す」といった感覚でスピーチライターが乱用する。

聴衆の爆笑の渦のなか、おもむろに壇上に上がったポールは、歓声に手を振って応えながらも、神妙な顔で次のようにグラスリー議員と共和党の聴衆を牽制した。

「グラスリー上院議員は、アメリカの例外的存在について述べました。まあそれには賛成します。しかし、私たちは生まれながらにして例外的なのではありませんよ。肌の色やDNAとは関係がないのです。いいですか、私たちには合衆国憲法があるから例外的なのです。個人の自由と資本主義をしっかりと抱きしめているから例外的なのです。しかし、我々はこれを忘れることがあってはなりませんし、憲法にしっかりと従うべきなのです」

まるで忘れている人たちが共和党にいると言わんばかりの発言だった。ティーパーティ運動の活動家が時折口にする「ＲＩＮＯ」というアルファベット４文字にその謎をとく鍵がある。

ＲＩＮＯとはなにか？ 偽保守政治家を批判する

アメリカに「コミー・ブラスター・ドットコム（アメリカ政治にいる共産主義者を晒す）」という過激なブログがある。ブログ名にある「コミー」とはコミュニスト（共産主義者）の蔑称である。サイトの冒頭に「プログレッシブ（進歩派）＝社会主義者＝共産主義者＝左派ラディカル＝反資本主義者＝反米主義者」という標語が掲げられている。

真っ赤なバナーの上にオバマ大統領、ナンシー・ペローシ下院院内総務（前下院議長）、バーニー・フランク下院議員のほか、バーバラ・リー、マキシーン・ウォーターズ、チャールズ・ランゲルらリベラル系黒人議員の顔が文字通り晒されている。彼ら民主党の議員を社会主義者と決めつけるのは、保守派のブログによくあることだ。赤狩りのマッカーシズムのネット復古版のつもりなのだろう。

しかし、このサイトはよくある共和党系ブログとも、どうも毛色が違うようだ。

「RINOs = Republicans In Name Only：社会主義者や進歩派のように振る舞う（あるいは実際にそうなってしまった）共和党政治家。潜在的な共産主義のスリーパー」とある。ＲＩＮＯ（リパブリカンズ・イン・ネイム・オンリー）とは名ばかりの共和党員、つまり保守を忘れた共和党員という蔑みの頭文字である。「ライノ」と発音する。

筆者のインタビューを受けるランド・ポール連邦上院議員

「すべての共和党政治家が善良ではない。社会主義の民主党がアメリカを支配するのを助けている奴らがいる。彼らの多くは間抜けで憲法を守らない。辞職すべきである。以下は監視対象の共和党政治家リストであり、彼らは落選運動に値する」

　このように宣言するサイトで、上位に写真付きで掲げられているのはジョージ・Ｗ・ブッシュだ。２００８年の大統領候補になったジョン・マケイン上院議員もいる。膨大な数の連邦議員と州知事の顔写真と「ＲＩＮＯである理由」が事細かに掲示されている。

　オリンピア・スノー（メーン州）、スーザン・コリンズ（メーン州）、スコット・ブラウン（マサチューセッツ州）など、中道寄りの穏健派が多い北東部ニューイングランドの議員を筆頭に、２０１０年中間選挙でティーパーティー派の落選運動の標的になったリサ・マコウスキー（アラスカ州）、チャック・ヘーゲル（ネブラスカ州）、リンジー・グラハム（サウスカロライナ州）、オーリン・ハッチ（ユタ州）など、「RINO認定」が広がっている。「中国のお気に入りの知事」としてリック・ペリーテキサス州知事、ブッシュのお気に入りで「オバマを支持の前科」としてコンドリーサ・ライス前国務長官などもやり玉にあげている。「RINO認定」の理由は多岐にわたるが、RINOとされる政治家に共通している項目がある。ブッシュ政権のTARP（不良資産救済計画 The Troubled Asset Relief Program）への賛成である。

TARPとは、サブプライムローンなどで生じた金融危機に対応するために成立した金融安定化法のプログラムのひとつである。最大7000億ドルの公的資金で住宅ローン担保証券などの不良債権を買い取る計画で、財務省から金融機関に公的資金が注入されたものだ。

RINOではないという基準は、税金をなるべく使わず、過剰に規制せず、「小さな政府」を守っているかにあるようだ。アイオワ州のチャック・グラスリー上院議員もこのサイトに晒されているが、やはり「罪状」はTARPのほか、民主党の金融規制改革法案への賛成投票だった。

２０１０年中間選挙で大旋風を巻き起こした、保守系の草の根運動であるティーパーティは、この「偽保守政治家」の糾弾と底流で重なっている。名称は１７７３年のボストン茶会事件にちなむが、「課税はもう十分Taxed Enough Already」の頭文字としても浸透した。一般的には、減税や歳出削減など「小さな政府」を訴える運動と称される。

２００９年２月19日に経済専門チャンネルＣＮＢＣの番組「スクオーク・ボックス」でシカゴ・マーカンタイル取引所から中継した経済アナリストのリック・サンテリが、オバマ政権の住宅差し押さえへの救済措置に怒りをあらわにし、「シカゴ・ティーパーティをミシガン湖畔で組織する」と絶叫した。

それから1週間後の２月27日、東海岸から中西部、西海岸まで全国各地で48の集会が同時開催され、約３万人が集った。医療保険改革への反発からデモが拡大し、４月15日の確定申告締め切り日（Tax Day）には、激しい抗議イベントが各地で開かれた。

世論調査からうかがえるティーパーティの横顔は見えにくい。全米に点在していて、南部や中西部に限定された運動ではない。リベラルな州や都市にも存在する。また、全国組織に属さない小規模集団が多数派を占めている。

全国組織にはフリーダムワークス（FreedomWorks）、アワー・カントリー・デザーブ・ベター（Our Country Deserves Better）、ティーパーティ・ネーション（Tea Party Nation）、ティーパーティ・パトリオッツ（Tea Party Patriots）、アメリカンズ・フォー・プロスペリティ（Americans for Prosperity）などが存在するが、これらの組織がティーパーティを代表しているわけではない。

前アラスカ州知事で２００８年の副大統領候補だったサラ・ペイリン、ミネソタ州選出の連邦下院議員でティーパーティ議連の創設者ミシェル・バックマンなど、ティーパーティを主導している政治家は存在するが、特定の政治家を中心に据えた運動ではない。そもそも、「ワシントンポスト」調査で、調査対象のティーパーティ組織に関係する86％が「初めて政治運動に参加する」と回答しているように、ティーパーティ賛同者は必ずしも政治家が好きではない。

アメリカの草の根運動の実相を正確に把握するのは難しい。全国メディアの調査ではカバーしきれない地方色が強い上に、アメリカの左右対立の文脈のなかで、双方から歪められがちだ。ティーパーティについては、民主党内で憶測が憶測を呼び、まるで「お化け」について語るような過剰な想像力が膨らんだ。散見されたのは、ティーパーティ運動は「黒人大統領が受け入れられないのだ」という人種差別をめぐる論理だった。格差温存を何とも思わない冷酷非情な人たちとしても描かれた。

他方で、ワシントンの超党派の政策コミュニティや外交エリート、あるいは共和党の穏健派やブッシュ政権１期目に力をもっていた新保守主義者（ネオコンサーヴァティブ／ネオコン）

に意見を求めれば、ティーパーティには否定的だ。頭のおかしな孤立主義的・周辺的存在で、相手にする必要はないという意見が少なくない。

外国人のジャーナリストやビジネスマンが多くいるワシントンやニューヨークであまり目立たない、外国との接点の少ない「草の根のアメリカの声」は、外国には届きにくい。ティーパーティのような運動を観察するには、共和党、民主党双方にある反ティーパーティの意見に耳を傾けることにくわえて、フィールドに出て彼らと膝詰めで対話しなければならないと感じた。

ポール親子とティーパーティ運動の起源

本章冒頭のアイオワ州でのイベントで発言したランド・ポールは、2010年中間選挙でティーパーティ系候補としてケンタッキー州選出連邦上院議員に当選した。ティーパーティにおける元祖ともいわれるロン・ポール連邦下院議員（テキサス州選出）の次男である。外科専門の眼科医であるが、1990年代から「ケンタッキー納税者連合」を立ち上げ、反税金運動を行っていた。ランド・ポールは2011年に出版した『ティーパーティ・ワシントンに行く（The Tea Party Goes to Washington）』で、父ロン・ポール議員の2008年大統領選挙活動がティーパーティ運動の発祥だとしている。

ロン・ポールは産科医だが、連邦下院議員を長く務めるベテラン政治家でもある。連邦議会でのあだ名は「Dr. No（ドクターノー）」で、議会でなんでも反対投票を投じる態度から名付けられた。

ロン・ポールは合衆国憲法を基準に価値判断をすべて決める「憲法保守」だ。共和党でありながら、イラク戦争、世界各地の駐留米軍、海外援助などに反対する、非関与的な外交政策を主張する。「小さな政府」を徹底させる自由至上主義のリバタリアンであり、連邦準備制度の廃止などを訴えている。これらが共和党内はもとより議会全体のなかでポールを孤立させてきた。次男で上院議員のランドも、概ね似たような思想をもっている。異端であることを拒まない信念ある親子だ。

そのポール親子の活動は、共和党の主流派への抵抗運動、具体的にはブッシュ政権批判だった。ブッシュ政権2期目には増大する支出と財政赤字が、イラク戦争の長期化とともに保守派の苛立ちを膨らましていた。

悪名が高かったのが、「コミー・ブラスター・ドットコム」で、共和党政治家を「ＲＩＮＯ認定」する基準として最も多かった、２００８年の金融危機後に金融安定化を目指したＴＡＲＰ（不良資産救済プログラム）だった。ＴＡＲＰに賛同した共和党議員の落選運動が、２０１０年中間選挙で共和党現職が予備選で苦しめられた原因だった。

ティーパーティの一角を占めるポールらリバタリアン（自由至上主義者）は、政府のコントロールや締め付けをことのほか嫌う。テロ対策の文脈で失われていく「自由」に敏感に反応し、電子メールなどの調査権限を当局に与えた愛国者法（Patriot Act）に反発した。

２００８年１月のアイオワ党員集会で約10％の支持を獲得したロン・ポールは、「自由のためのキャンペーン（Campaign for Liberty）」を立ち上げ、２００８年夏にミネソタ州で「共和国のための集会（The Rally for the Republic）」を共和党全国大会にぶつけるかたちで開いた。

ガズデン旗のガラガラヘビ、米海軍でも使用しているロゴ

ミネアポリス市内の連邦準備銀行ビル前で、ロン・ポールは連邦準備制度廃止を訴える演説をしたが、この集会で使用されたのが、ボストン茶会事件時代のコスチュームや「俺を踏みつけるな」というコピーとガラガラヘビのイラストで知られる黄色い「ガズデン旗」だった。

冒頭に紹介したアイオワ州でのイベント開始前、ランド・ポールは私とのインタビューに個別に応じ、次のように述べた。

「私を当選させてくれた人やティーパーティは、予算の諸問題を解決してほしいと願っていると思います。彼らは歳入より支出が多いことが理解できないのです。ワシントンでは誰もがそんなに削減できないと言うのだが、我々はできるし、それを理解しない彼らが私にはわかりません。入ってくるだけ使うという単純なことだが、支出の大幅な削減が必要です。民主党が望んでいる借金は6億ドルでわずか1日で積み重なるこの借金の大半は日本からきています。私は前から彼らに警告しています。自然災害で日本は大変な目にあっています。日本は以前のように我々の負債を肩代わりし続けてくれないかもしれません。私はあなた方日本も大変な借金を抱えていると考えていますが、我々がお互い負債問題を抱えていて、世界中負債だらけです。私はこの問題は数年内に行き詰まると読んでいますが、誰かが立ち上がらなければいけないのです」

ランド・ポールは財政赤字を中心とした経済問題を軸に、2012年の父の大統領選挙キャンペーンの支援を展開するとしている。

リバタリアニズムと「原爆」と「UFO」の州ニューメキシコへ

「保守のアメリカ」に私を駆り立てたのは、リベラルの草の根運動をどこか彷彿させるティーパーティ運動の奇妙さだった。「理念の共和国」の原点を探るべく、西部開拓の自由精神が溢れる「サンベルト」は南西部に飛ぶことにした。

アイオワ州のシーダーラピッド空港からデンバー経由でニューメキシコ州のアルバカーキ国際空港に到着したのは深夜だった。いつものことながら、スーツケースを抱えてバゲージクレーム（荷物受け取り場）から離れたレンタカーセンターに移動するのは骨が折れる。

アルバカーキ空港に到着してひときわ目を引くのは、眠気を吹き飛ばすほどの色鮮やかなメキシコとアメリカ先住民のテイストが溢れた空港の内装だ。アメリカにあってアメリカではないと称される州の玄関口だけあって、まるでメキシコに降り立ったようだ。

アルバカーキは、毎年秋に開催されるインターナショナル・バルーン・フェスタで知られる。色とりどりの熱気球が浮かぶカレンダーの写真が記憶にあるかもしれない。700近くの熱気球が飛ぶ様は壮観だ。人口は約67万人。ロッキー山脈の南端で標高1600メートルの高さにある都市で、脱水症状を防ぐためにペットボトルの携帯が欠かせない。真っ青な空とサンディア山脈のコントラストは素晴らしい。

ニューメキシコ州でホームパーティに呼ばれると「親が科学者です」と名乗る人によく出会う。「日本には特別な思いがある」と述べる人も少なくない。アジア系人口が少なく、日系人もほとんどいないこの州でなぜなのか。オッペンハイマーが核兵器の開発に携わった、マンハッタン計画のロスアラモス国立研究所が同州北部のロスアラモス郡にあるからだ。日本ではロスアラモスのことを学ぶ機会は少ないが、核兵器を開発した科学者の2世代目、3世代目は被爆国の日本に複雑な心情で接している。

またSF好きには有名な「宇宙人の街」ロズウェルがある州でもある。1947年に州南東部のロズウェルから数十マイル離れた付近で、未確認の物体が回収された事件から、この物体が宇宙人ではないかと噂され、UFOマニアが訪れる観光地となり、ロズウェルには博物館まで建設されている。

そのニューメキシコ州には、政府を嫌悪し「小さな政府」を志向する完全自由主義者が少なくない。1990年代後半から2期知事を務めた共和党のギャリー・ジョンソンは、みずからをリバタリアンと名乗ることを躊躇しない。徹底した反税金、反官僚組織の姿勢で拒否権を雨あられのように乱発したことで知られる。大麻合法化を主張して物議をかもすなど、社会争点での自由放任を求める色彩もある。そうした人物が違和感なく受け入れられ、2期も知事をやらせようという風土がここにはある。

ティーパーティとの「お茶会」

2010年、中間選挙から存在感を増しているティーパーティの素顔を求めて、ニューメキシコ州のティーパーティ活動家を取材した。地元ティーパーティの設立メンバーが、時間をとってくれるという。アルバカーキのダウンタウンからサンディア山脈方面に車を走らせること50分。住宅街付近のレンタルオフィスには、既に6人のティーパーティ幹部が顔を揃えていた。会議室にはドリンクまで用意してある。私を取り囲む記者会見のような陣形だ。

簡単な自己紹介のあと、インタビューは和やかな雰囲気のなか始まった。会の主催者は白人女性のホリー・ファタ。州南部ラス・クルーセズ出身で、16年前にアルバカーキに引っ越してきたという。国際ビジネスとドイツ語で学位をとり、販売のビジネスをしている。

「どうしてティーパーティを始めたのですか？」

「私は今まで、第1に自分は保守であると、その次に共和党支持者であると考えてきました。共和党には心底幻滅しました。彼らは巨額の税金を無駄遣いしたのです。２００８年秋に金融安定化法を通過させたことがすべての引き金となり、それ以来これは国の進む道ではないと我々は声をあげるようになりました。アルバカーキでティーパーティが立ち上がったのは、ローカルのラジオでの呼びかけがきっかけです。賛同者の1人でレストランの経営者が店を会合場所に提供し、80人近くの人が最初の集会に集まりました」

「政治についてどのような意見をもっているのですか？」

「政治家はすべて駆逐すべきです。任期制度が必要です。政治家という職業でキャリアを成り立たせてはいけません。そこが私の信念の原点です」

ファタの左に並んで座ったルーアン・ハントは、母親が日本人で、ほとんどの青少年期を沖縄の基地で過ごした女性だ。教会のメディア担当者をしている。やはり同じ質問をぶつけた。

「どうしてティーパーティに参加しているのですか？」

「私が保守的なのは、プロ・ミリタリー（軍隊賛成派）だからです」

自分を形容するさいに〈サイレント・アンインボルブド・マジョリティ（関与しない静かな多数派）〉という言い方を彼らはする。〈二大政党政治に表立っては参加してこなかった眠れる多数派〉という意味だ。ルーアン・ハントは自分もその1人だという。

「最後に私が投票したときを言うと、必ず人を驚かせてしまうのですが、18歳のときです。レーガンに投票しました。それ以降、2008年の選挙までずっとただテレビを見ているだけでした。2008年についに黙っていられなくなりました。メディアの選挙報道の仕方が気に入らなかったのです。階級闘争が始まったかのように見えました。政府がどんどん大きくなっていくかのようでした。アルバカーキのティーパーティが設立されてから10ヶ月後に、参加を決めました」

「政治についてはどのように考えていますか？」

「ホリー（ファタ）と同じ意見です。国に本気で仕えている政治家は1人もいません。彼らは生活のために政治をしているだけです。任期制限は当然ですし、1期務めたらもらえるという年金や退職手当も必要ありません」

元民主党のティーパーティ活動家から独立革命の子孫まで

テーブルを挟んでハントの向かいにいたのが民主党から転向してティーパーティ活動家となった女性のティィナ・カーソンだ。インディアナ州出身で13年前にニューメキシコに引っ越してきた。医療サービス業の経理業務をしている。

「どうして民主党支持だったのにティーパーティに参加しているのですか？」

「成人してからのほとんどを民主党で有権者登録してきました。90年代の終わりに民主党から離れましたが、共和党も私の心を摑みませんでした。ブッシュ大統領がTARPを持ち出したとき、もう我慢ならなくなりました。それでためしに、ティーパーティの人たちと会ってみたのです。メディアが描く人たちよりも、ずっと普通の人たちだと知りました」

元民主党のカーソンは、保守系のティーパーティ活動家と、すべての争点で一致するわけではない。戦争と社会争点については意見の相違があるという。

「考え方が違う人たちと一緒に活動することができるのですか？」

「財政保守と最小限の政府、さらに経済的な責任、自由市場経済、憲法が保障する自由が、私たちを結束させています。私たちは特定の候補を支持表明しません。自分で誰に投票するか選ぶことが重要です。（政治）教育が大事です。魚をあげても一晩で食べておしまいです。魚釣りの方法を教えることで、今回の選挙だけでなく10年後、50年後まで政府を監視する教育を再生産することができます」

さらにカーソンは、民主党であろうと共和党であろうと、政府は信用できないと断言する。

「腐敗をさんざん見せられてきました。いったんその世界に入ったら、インサイダー・クラブのメンバーになるのです。ワシントンの仲良しクラブです。ティーパーティをテロリストと呼ぶのは許せません。私たちはごく普通のアメリカ人です」

カーソンの左隣に腰掛けたのは、この日、唯一の男性デイビッド・ハリスだ。幹部メンバーのなかでも最も知的で理念的で、コンピュータサイエンスの専門家だが現在は退職している。ティーパーティに興味がある奇特な日本人を撮影したいと、一眼レフカメラ持参で意気込んで出席した。カメラのレンズを質問する私のほうに適宜向け、「逆取材」に熱心な様子だ。政治的な意見は強くもっていたが、これまではアクティブに活動してこなかったという。

「どうしてティーパーティ活動をしているのですか？」

「オバマ大統領が、国家の新たな基礎について話しましたが、私たちの成り立ちは独立宣言からきています。私たちの平等は政府から与えられるものではありません。これを修正しなければいけないと感じたのです。私はアメリカ独立革命の戦士の直系の子孫です。重要なのは民意に基づく政府です。彼らはそのために血を流しました。ほとんどの人は、現在のアメリカは民意に基づく政府として機能していないと思っています」

ハリスは、ワシントンで起きていることは、圧政でしかないと語気を強める。

「ティーパーティは政党ではありません。基本的な価値観のもとに集っている人々の集合体と運動です。最小限の政府と税と歳出、それに自由市場経済の促進です。社会争点について強い意見をもっている人がいないわけではないですが、組織や運動としては、社会争点は存在理由ではないのです。もしアメリカの成り立ちの基本に戻り、小さな限定された政府になれば、そうしたほかの争点は自然に解決するはずです」

アルバカーキ・ティーパーティの中心的な活動家

デイビッド・ハリスの左隣に着席し、最後に発言した女性はパトリシア・モーレンだ。移民3世で、第1次世界大戦以来、家族がすべての戦争に参戦してきた軍隊一家。夫は退役軍人で、モーレン自身は特殊学級の教員として全米を旅する生活だという。夫の海外駐留で滞在した日本や韓国、欧州で教えていたこともある。18歳以来すべての選挙で投票している熱心な共和党支持者で、1988年のジョージ・H・W・ブッシュの選挙ではボランティアとして働いた。

「ティーパーティ活動に参加した理由はなんですか？」

「ベルリンの壁崩壊直後、ちょうど欧州にいました。共産主義の国がどんなものかというのをこの目で見ました。社会主義の医療がどんなものかも見ました。オバマ大統領の方向性には賛成できません。

2008年の大統領選挙後、ますます私は共和党に深く関与を始めました。内部から変革する必要があると思ったのです。最悪の投票は、決めかねたままでの投票です。メディア報道でこの候補者がよさそうだと感じただけで投票所に行くなんて無意味です」

「軍人の配偶者協会」で海外駐留の軍人の家族のサポートをしてきたモーレンがティーパーティ活動家として異色なのは、国際経験が豊かなことだ。また、共和党への関与を党改革意欲から深めたタイプのティーパーティ活動家でもある。モーレンもそうだが、ティーパーティ活動家に共通しているのは、いい加減な票なら入れないほうがいいという信念だ。

「インデペンデント」という一群

保守的有権者が共和党候補に納得できない場合や、リベラルな有権者が民主党候補に不満が残ることもある。2つしか政党のないアメリカでは、実は「棄権」も政治的な意思表示である。アメリカの投票マシンは州によって、電子タッチパネル式、レバー式、パンチ式など多種多様ではあるが、英語に不自由な移民への配慮もあって、日本のような手書き投票ではないので、「白票」という抗議の意思も示しにくく、選挙に行かないことが「白票」と同義になる。そのため、「無関心での在宅」と「抗議の在宅」の区別は投票率からは判然としない。

二大政党のどちらの支持も表明しないことをインデペンデントindependentと呼び、「無党派」と訳されることも多いが、内実はもう少し複雑だ。

第1に、本当はどちらかの政党の支持者なのに、なんらかの理由でそれを隠したい場合、インデペンデントと言えば許されることになっている。インデペンデントと言えばそれ以上あまり追及してはいけない暗黙のルールだ。「どうしてインデペンデントなのか」と叱られることはない。非常に便利な「社交用語」である。

世論調査の電話がきても、支持党派がばれることを好まない人は正直には答えない。ジャーナリストなど、「中立のふり」をしないと仕事にならない人たちもそうだ。自分の支持政党と反対側の人との社交や取材をする場合にこの用語は用いられる。本当は共和党支持者なのに、職場で民主党支持の上司と付き合わなければいけないときや、民主党政治家を取材するとき「君の支持政党は?」と聞かれて「インデペンデントです」と言っておけばいい。

しかし、ぼかしたつもりでも、事実上「民主党支持ではない」と言っているようなものだ。上司と同じ党の支持であれば、ここぞとばかりにそう告白するはずだからだ。「インデペンデント」というのは、人間関係を悪くしたくないが、嘘もつきたくない人のための逃げの言葉でもある。

第2に、どちらの政党にも属したくないという、二大政党への明示的な反発として別の一派である可能性だ。完全自由主義者のリバタリアンなどが好例である。二大政党の支持者より

「党派的」ではなくても、ある意味でより「イデオロギー的」で「政治的」である。

ポール親子支持派のリバタリアンの多くは、「自分は共和党でも民主党でもない」と名乗るが、党派的には「インデペンデント」とだいたい回答する。緑の党支持の超リベラル派もそうである。「共和党でも民主党でもない」強い党派的な信念があるわけで、本来は「独立系」と訳したほうが原意に近い。ティーパーティは共和党に投票することがあっても、世論調査では「インデペンデント」というアイデンティティを強調したがる。

そして残りが、本当に日本語の「無党派」のニュアンスに近い「支持政党なし」の人たち、あるいは「政治への無関心層」である。彼らは投票に気まぐれで行くか、まったく行かない。

ティーパーティのブッシュ政権観

一口にビジネスや市場経済優先の経済保守といっても、中小企業と大企業の対立構図がある。ティーパーティ活動家に多いのは概ねスモールビジネスと呼ばれる中小企業の経営者だ。彼らは大企業の救済には不満だ。アルバカーキのティーパーティの面々にも「どうしてブッシュ政権の金融安定化法に反対したのか」を訊ねてみた。

「私も自営業者ですが、成功するか失敗するかは自分の責任です。救済は受けられません」

ルーアン・ハントはこう簡潔に述べた。ブッシュ政権が民主党の問題点を知る反面教師になったという元民主党のカーソンは、共和党支持を考えたものの、ブッシュ政権もこれまた魅力的とはいえなかったという。カーソンはこう言う。

「私の周囲にはビジネスの成功者も失敗した人もいます。しかし皆熱心に働いている。稼いだものは彼らに属します。国を防衛する機能は必要です。コミュニティとして道路やインフラも必要でしょう。しかし、しっかり義務をはたしている工場労働者からお金を取り上げて、誤った判断ばかりしているものに与えるのはどうでしょうか。ハリケーンがきて水浸しになる地域に政府が5回も家を建ててあげるような無駄と同じです」

「どういうことでしょうか？」

「ブッシュはコントロール不能な2つの惨事に見舞われました。9・11とハリケーン・カトリーナです。カトリーナでの無駄遣いは目に余りました。お金を右から左に横流しにしていたのです。当時、事業を共同経営していた私は、すべてを失った避難民の方に仕事を分け与えたいと思いました。そこで、私の会社は5回も雇用機会を設けました。しかし、誰も応募してくれなかった。どうして考慮もしてくれないのかと調べたら、政府から施しをもらっていたのです。グッチの財布やらストリップクラブに通って使ってしまう人がいました。私は支出に対する評価チェックがないことに怒りました。再度言いますが、共和党か民主党かではなく、政治家の問題なのです。税金は彼らのお金ではないので無駄遣いを政治家自身は気にしません。どのみち再選しか関心がありません。どっちの党の政治家もそうです。もう飽き飽きです」

こう答えたカーソンは、TARPがブッシュ政権でもち出されたとき、監視とチェックを期待したが、「そのようなものはなかった」と失望を隠さない。ブッシュも頼りにならず、オバマも頼りにならない。子供の未来を預けられる人が見つからないなか、「私たちがなかに乗り込んでいって、両政党を淘汰して、再選に関心のない人を送り込まねばなりません」とカーソンは、ティーパーティ運動の意義を力説する。

「ブッシュ政権とオバマ政権についてどういう感想をもっていますか？」

デイビッド・ハリスは私のこの質問に対して、こう答えた。

「ブッシュはいくつかの問題で共謀者になっていました。ブッシュ政権が教育や麻薬対策などで巨額の税金を浪費したのです。オバマ大統領はとても頭のいい人だと思います。彼をとりまく側近もとても優秀な人ばかりだと思います。そして彼らの政策目標をしっかりと達成している。それが私にはかえって恐ろしいのです。新しいファウンデーション（基礎）と言いますが、オバマにとっての『機会の均等』はなにを意味しているのか。それは結果の平等なのです。『民意による政府』はどうか。政府に与えてもらう権利があるとすれば、それは建国の父たちが意図したものとは違います。ブッシュがやり残したことはたくさんあります。しかし、今やそれはオバマの指導力次第なのです」

共和党の偽保守政治家は殴り合ってから仲良く食事?

「現職の共和党政治家をどう評価していますか?」

ティナ・カーソンは、政党は関係ないと答える。

「私はRINOかどうか気にしません。保守は保守。私の価値観と合致すれば民主党だったとしても、投票しますよ。

しかし、現時点では私を満足させる民主党政治家が見当たらないだけです。共和党について笑ってしまうのは、全国レベルでもローカルでもそうですが、主流メディアを結局は信奉していることとです。私には驚きです。共和党はティーパーティが彼らの手足だと思い込んでいます。イベントをプロモートしてあげようと近づいてきますが、本当に信条に共鳴してくれているならいいですが、もし別の意図があるなら、手伝ってほしくなんかないです。8ヶ月前に共和党の委員長が電話してきて、彼らの一味になるようにと誘いました。私たちのティーパーティの力を知っているからです。しかし、共和党はわかっていません。自分たちの党の改革もしなければならないことを。メディアはティーパーティが共和党の手足だと書いていましたが、今度は突然ティーパーティが共和党を破壊する元凶だと書き始めているのです」

共和党とティーパーティの協力関係と緊張の度合いは、全米でも州によって違うし、州内でも郡によってだいぶ違う。ニューメキシコのサンドバル郡では協力関係にあるが、ベルナリオ郡では協力は薄いなど地域差があるという。

デイビッド・ハリスは、RINOを共和党のブランドを傷つけている者として、スーザン・コリンズ、オリンピア・スノー、チャック・グラスリー、リンジー・グラハムらの上院議員を名指しで批判し、彼らの特質をプロレスに喩《たと》えた。

「WWF（ワールド・レスリング・フェデレーション）に十分な敬意を払った上で述べますが、これはお互いに殴り合って引っぱたき合ったのに、試合のあとは一緒に繰り出してステーキを仲良く食べながら、明日のドラマはどんな感じにしようかと打ち合わせする光景を想像してもらえばいいです。最高のアナロジーだと思いますよ。そう考えると政治家個人の所属政党名なんか、ばかばかしいでしょう。なんの足しにもなりません。選挙キャンペーンにも莫大なお金がかかっています。巨大産業です。あまりにも多くの党の活動が選挙産業に依存して存在を維持しています。選挙参謀たちは産業の維持にナーバスになっています。現状のままが彼らにはいいのです。しかし、これは悪いことです」

社会争点というティーパーティの内部分裂

フロリダ州フォートウォルトンビーチのティーパーティ活動家にダグ・スミスという男性が

いる。スミスとは共和党のイベントで知り合って以来の関係だが、南部のティーパーティ運動についての動向を適宜送ってくれる。そのスミスが力説するのが、「南部のティーパーティはより社会保守的だ」というものだ。南部や中西部では宗教性も否定できないという。アルバカーキのティーパーティ活動家がほとんど宗教の話をしなかったのは、リバタリアン気質の土地だからかもしれない。

２０１０年8月のピューリサーチ調査では、キリスト教の教義に基づいて、人工妊娠中絶反対や同性愛反対などを法や政策に反映させたがる宗教右派系の有権者の69％がティーパーティにも賛同している。同性婚にはティーパーティは半数を上回る64％が反対。人工妊娠中絶には、59％がほぼ違法と回答していて、ティーパーティと宗教保守は実はかなりの程度重なる。

この宗教をめぐる態度の違いが、ティーパーティの内部分裂の原因になりかねない。キリスト教社会のアメリカでは、人工妊娠中絶、同性愛への賛否など文化問題（社会争点）が、大統領選でも大きな比重を占める。キリスト教徒の支持者が支える共和党政治家であれば、これらの争点で反対しなければならない。

しかし、ロン・ポールは人工妊娠中絶には反対のプロライフ派としながら、州が結論を出すべきとして価値判断を棚上げにしてきた。同性婚についても同じだ。州にすべての権限を委ねる憲法修正10条に忠実だからなのだが、憲法を信仰より優先させる立場に対して、中絶や同性婚はとにかく絶対ダメという宗教右派はこの姿勢が容認できない。

また、ポールは2010年に起きたニューヨークのモスク建設論争で建設擁護の立場だった。キリスト教徒が大半のアメリカで、宗教施設の建設の決定権を政府に与えることは信仰の自由の剝奪で、将来的に不利益を被るのはキリスト教徒でもある、というのが擁護の理由だった。しかし、ムスリム擁護であるかのような誤解を与え、キリスト教右派とのあいだに緊張が走った。この問題をアルバカーキのティーパーティに問うてみた。

「ティーパーティ内で、リバタリアンと宗教右派が、中絶や同性愛、信仰などの社会争点で分裂しているのではないでしょうか？」

デイビッド・ハリスは正面から答えず、「小さな政府」という接着剤の強調を繰り返した。

「人工妊娠中絶が重要な争点だというのであれば、人工妊娠中絶賛成か反対の団体に入ればいいのです。それでティーパーティにも残ればいい。民主党のままでもいられるし、共和党のままでもいい。それらすべてに参加したままでもいい。しかし、ティーパーティに限って言えば、財政的、立憲主義的な争点を扱います。リバタリアンもティーパーティに入りたがっています。それは政府が介入的だからで、それに私たちも同意するからです。我が家から出て行けという感じです。なにを飲食するか、子供をどう育てるか勝手にさせてほしい。よけいなお世話です。規制です。塩をかけ過ぎだって？　食事に塩をかけるかどうか勝手に決めさせてほしい」

左は大統領選挙で壇上に上がるポール一族、右はロン・ポール氏本人

外交争点というティーパーティの内部分裂

ティーパーティを内部分裂させかねない問題は、外交争点、とりわけ戦争にも潜んでいる。

「外交政策、戦争についてはどう考えていますか？」

ホリー・ファタは戸惑いながら述べた。

「2001年にアフガニスタン戦争が始まったとき覚醒しました。ある程度正当化できる戦争だと思いましたが、イラク戦争については確信がもてなかった。一応支持はしましたが。しかし、支出の度合いが酷過ぎると感じます。国防総省の予算はカットすべきです。ブッシュ政権末期になるにしたがって、酸っぱいブドウを食べてしまったような気がしました」

ルーアン・ハントは悩んでいるという。

「介入すべきか国境だけ守っていればいいか、自分ではまだ答えが出せていません」

防衛政策は親族内に軍関係者がいるかどうか、身内への感情的な事情に左右されやすい。戦争をめぐる歴史の記憶が、往々にして身内に従軍関係者がいるかどうかに影響を受けることがあるのにも似ている。夫が軍人のモーレンはこう言う。

「ブッシュは軍人の扱いでは合格点でした。誰も戦争に行きたがる人なんかいません。とりわけ兵士はそうです。すべての大統領は問題を引き継ぎます。少なくともブッシュは在任中、アメリカを安全に守りました。残念ながら政権末期に経済が悪化したけど」

バードカレッジ教授でアメリカ外交を専門とする政治学者のウォルター・ラッセル・ミードは、『フォーリン・アフェアーズ』の論文で、ティーパーティ外交をペイリン派とポール派に分類している。中東でのテロ問題ではペイリン派がイスラエルとの緊密な関係を深める立場だが、ポール派はイスラエルへの援助を打ち切り地域全体への関与縮小路線を唱えている。ミードはペイリン路線をティーパーティの本流と見なし、ポール派の敗北を予見しているが、ワシントンから遠く離れた草の根にはポール派の信奉者も少なくない。

通常は文字通り共和党内でも「孤立」しがちな、少数派のポールのような「孤立主義グループ」に加勢しているのは、防衛費削減では意見が一致する経済保守だ。ランド・ポールは「多くの共和党支持者にとっての戦争の扱いは、民主党支持者にとっての福祉の扱いと同じだ」と述べ、過剰な防衛費は無駄遣いと切り捨てる。ポール派外交は人道的な海外援助にも否定的で、リベラルな平和主義とは異色である。しかし、イラク戦争反対やイランの核開発への制裁反対論では、結果として反戦リベラルのように聞こえる。民主党リベラル派もロン・ポールについては、「興味深い（interesting）」と敬意を示す。

共和党の主流には決してなれない周辺的な存在とされているポール親子だが、憲法に立脚した伝統保守に、彼らのネオコン批判の根拠を求めようとしている。ラッセル・カーク、リチャード・ウィーバー、ロバート・ニスベットら伝統的保守知識人に言及し、「当然彼らは平和主義者ではなかったが、戦争は物質的にも道徳的にも破滅的であり、本来的に最終手段であるべきだと信じていた」とロン・ポールは力説している。

リバタリアンの元在日米軍人

孤立主義的な地方政治家のなかには元軍人も少なくない。沖縄に駐留していたというアイオワ州議会のグレン・マーシー議員もその1人だ。同僚のキム・ピアーソン議員と州議会で2人きりのティーパーティ系である。アイオワ州のポール陣営のキャンペーン基地となっていたデモインのホテルで会ったことがある。マーシーは2012年のポールの選挙に支持者として参加していた。帰国してすっかりリバタリアンになってしまったマーシー議員は、防衛費をコストの面から考える癖がついた。

「150もの国に駐留しているが、なぜかを問わないといけません。150の国と戦争状態なわけではない。財政的に無理です。巨額の財政赤字がありますマーシーは反戦平和主義者ではない。目的とコストに敏感な愛国派の議員だ。

「米軍は手を縛られています。誰が悪人なのかわからない状態で戦わないといけないからです。なぜ無線で誰かに許可を得なければならないのか。『敵らしき人を見つけました。撃っていいでしょうか』『いやだめだ、確実にはわからない』。これじゃ戦争になりません。戦争するなら、攻め込んで確実に勝ってすぐ出てくるべきです。誰かが攻撃してきてから防衛すべきです。しかしそうでなければ、彼らがなにか将来しでかすかもしれないという理由だけで、遠くにいって争いを仕掛けるべきではないのです」

こう答えるマーシーにあえて訊ねた。

「では、日米同盟の重要性はどのようにお考えでしょうか？」

マーシーは反対しているのは日本への駐留で同盟ではないと抗弁した。

「日本が中国やどの国に攻撃されても、アメリカは日本の防衛に馳せ参じるべきです。日本はアメリカの友達です。日本は貿易の友人でもあります。しかし、日本国内に基地を設営して、アメリカ人の血税を使用するのに、私は反対しています」

東アジア近海で睨みをきかせる抑止力とホストネーションサポート（ＨＮＳ）による日本側の拠出についてはマーシーの口からは触れられなかった。もし、アメリカの納税者に財政上負担がないとすれば、地域の安全保障を目的とした駐留継続には同意するのだろうか。

その場に居合わせたロン・ポール下院議員にも私は訊ねてみた。

「議員は日本からの米軍の撤退を主張していますが、日米関係、日米同盟をどのように考えていますか？」

「日米は友人であるべきです。両国は貿易すべきだし、往来すべきだし、投資すべきです。そして、在日米軍を撤退させるべきです。完全に。アメリカはメキシコという憂慮すべき問題を抱えています。アメリカにはアメリカの問題があります。我々は破綻しています。どのみち財政的に維持できません。友人になり、貿易し、ボランティアリズムによる善を促進し、力や軍事的手段以外の方法による前例を作り上げることは、両国にとって最良だと考えます」

在日米軍に所属していたマーシー議員

２０１１年８月、私は当時アイオワ州で選挙活動をしていたほかの大統領選挙候補にも、同じように日米関係について訊ねてまわったが、「日本やイスラエルのような素晴らしい友人」（ポーレンティ元ミネソタ州知事）、「２つの重要なアジアの同盟国としての韓国と日本」（サントラム元上院議員）、「日本と中国という友人」（ペリーテキサス州知事）、「北朝鮮をブロックするための防衛関係強化／平和と安定を維持する方法で強国化する中国にともに対処する必要性」（ギングリッチ元下院議長）と回答は割れたものの、孤立主義的な言説はポールだけに限られた。ポール派と外交エリートのあいだには、明らかに安全保障における脅威認識の温度差が存在している。外交専門家が陣営に不在というのも少し気になった。

共和党を離党したある女性弁護士の人生

ロン・ポールとランド・ポール議員親子を一貫して応援する女性ティーパーティ活動家がいる。アイオワ州生まれ、テキサス州在住。ケンタッキー州に家族がいて、南部、中西部の3州に横断的に基盤をもっている弁護士のサンドラ・マクラフリンである。

マクラフリンと共和党の付き合いは長い。14歳の夏、地元アイオワ州のチャック・グラスリーの選挙キャンペーンで働いたのが始まりだ。彼女の息子もテキサス州知事時代のブッシュに仕えたという政治一家である。現在の夫はギングリッチ元下院議長のビジネスパートナーだった。ティーパーティ活動家でありながら、共和党の本流にも近い。ニューメキシコ州で私が会ったティーパーティ活動家たちと違っていたのは、マクラフリンがブッシュ政権に2期目から幻滅した理由として強調したのが、財政政策ではなく、外交と「自由」をめぐる問題だったことだ。

「どうしてティーパーティ運動を始めたのでしょうか？」

「(ブッシュ政権の)介入的な外交です。それから愛国者法です。最初に愛国者法が成立したとき、私は大学で教鞭を執っていました。愛国者法には当初は賛同しました。しかし、全文をプリントアウトしてしっかり読破して腹立たしさがこみ上げてきました。あまりにも広範に及んでいて、アメリカの市民の権利を剝奪する内容だったのです。多くの部分が憲法違反です」

マクラフリンは同法の修正はまだまだ足りないと考えている。彼女のようなポール派のリバタリアンはTSA(運輸保安局)のボディチェックや高性能のX線検査がプライバシーの侵害だとして反対している。怒りの根源にあるのは、今まで信じてきた政府に裏切られているという感情だ。愛国者法に当初は賛同したのも、自分の国の政府を支持したいという思いがあったからだという。マクラフリンはピュアな愛国者である。

興味深いのは彼女の宗教性だ。メソジストの家庭に育ち、父は牧師だったが、マクラフリン自身は信仰に無関心で教会には通わなかった。様々な教会を試したが、しっくりくるものがなかった。宗教的な家庭に育ったのに、リバタリアンになるアメリカ人は珍しい。

ヴェトナム退役軍人と1児をもうけるが離婚。大学に通いながら息子を育てるために、福祉に依存する貧困生活だった。大学は10年がかりで卒業した。底流にあるのは、政治家とワシントンそのものへの幻滅だ。

「よく巷で共和党批判を聞きますが、あなたにとってRINOとはなにを意味していますか？」

「ワシントンへの幻滅です。新人議員がワシントンに行って必ず経験するのは、自分が新しいことをするにはいかに無力かを思い知ることです。ワシントンのシステムがそうなっているのです。あれしてくれたら、これしてあげるという関係に依存して成立しています。議員は議場の通路を行ったり来たりしている。民主党は向こう、共和党はこちら側に座ってはいますが。法案が骨抜きにされ、付帯条項が加えられ、本来の保守的な法案は起草されません」

ブッシュ政権の金融機関の救済は幻滅に拍車をかけたとマクラフリンは言う。

「人々はホワイトハウスの住人が、誰になってもたいした違いはないことに気がつき始めたのです」

「そう、誰がなっても同じね」

すかさず合いの手を入れたのは、アイオワシティのステーキハウスでマクラフリンと私の夕食に合流してくれた、マクラフリンの親友のデボラ・ダークセンだ。アイオワ州アイオワシティの共和党支部でともに活動してきた。ダークセンは地元ジョンソン郡の共和党委員幹部でもある。2人ともティーパーティを自認している。マクラフリンはきっぱり共和党を脱退したが、ダークセンは共和党の幹部の仕事とティーパーティ活動を並行して続けている。一般的に中西部の共和党支持者は、自分の支持政党の支持者以外の人と友達にはならないなか、ダークセンには民主党や無党派層にも友人が多い。

「大統領になったら、人に頭が上がらなくなるの。大統領になる前から借りばかりできるから」

と言うマクラフリンに「共和党の大統領でもだめですか？」と私は訊ねた。

「誰でもだめです」

彼らの怒りの根にあるもう1つの感情は、反大企業だ。ビジネス界が献金やその他の影響力で政府に対して影響力を独占することに馴染まない。この点でビジネス界と気脈を通じる共和党穏健派とも対立している。国が特定の企業や産業に依存することも批判する。マクラフリンとダークセンは、ロイヤルダッチシェルや、バングラデシュのナイキの事例をあげた。経済保守にも大企業経済保守とスモールビジネス経済保守がある。ティーパーティは主に後者である。前者は共和党だけでなく民主党穏健派にもいる。

マクラフリンは2008年にマケインに投票したことを後悔したことで、リバタリアンとしての自覚を強めた。2010年の夏にロン・ポールのリバタリアン集会に参加したことで心は決まったという。

ティーパーティ活動家サンドラ・マクラフリン氏

「共和党は今や民主党のようです。民主党は？　今や社会主義政党です」

親友のダークセンとは、社会争点では一致しない。

「私はプロチョイス（人工妊娠中絶の権利擁護派）です。これを言うと、デビーが目に涙を浮かべるけど」

マクラフリンがそう言うと、ダークセンがたたみかけた。

「でも、銃規制反対では、私たち一致しているでしょ」

「そうね、私は銃所持賛成だから」

マクラフリンは自宅にAK47とセミオートマチックの銃を保管している。テキサスやアイオワでは珍しくない。私は社会争点について水を向けてみた。

「大麻の合法化はどうですか？」

「大麻の合法化ですって!?」

ダークセンが眉をひそめると、マクラフリンが訥々と話し始めた。

「私からこのことをデビーに話題として出したことはこれまで一度もないんです。でも、もちろん合法化賛成です」

「私は絶対反対です。医療目的でも許しません」

ダークセンがきっぱりとした口調で答え、テーブルは静まり返った。まるで私が2人の仲を引き裂く争点をあえてもち出してしまったようだったが、それだけティーパーティの2人のあいだで普段この手の社会争点は棚上げされているのだ。

「憲法保守」とはなにか

合衆国憲法を原理的に信奉する姿勢は、ティーパーティに共通している。憲法が認めているかどうか違憲性を拠り所に政策の善悪を判断する。アイオワ大学の政治学研究室に、共和党政治に詳しいティモシー・ヘーグル教授を訪ねた。ヘーグル教授はこう述べる。

「歳出削減や減税への漠然とした関心が具体的な運動としてのムーブメントに転換するのは、それらを糾合する偶然性が必要です。共和党員は常に憲法と建国者に立ち返りたがる人の集まりであり、衝動の運動化に欠かせないラベリングに憲法が格好にして偶然の糾合役となりました」

憲法を介して建国者が望んだ国のあり方に戻ろうとする運動に正当性を与えることで、漠然とした反税感情に歴史的な文脈における意義を付与したのだとヘーグル教授は指摘した。

なるほど、ティーパーティの内部で発生している運動で、マクラフリンが熱心に取り組んでいるのも合衆国憲法修正第10条を徹底させるための法案を通す運動だ。具体的には州議会レベルで、連邦政府が合衆国憲法の範囲外で、州に対して要請する法律や権力の行使を違法とする法案である。

「リック・ペリー知事のテキサス州に続きいくつかの州が、オバマケア（オバマ政権の医療保険改革）を押しつけようとするなら、連邦から離脱すると脅しをかけています。ヴァーモント州でもかなりの数の合意があります」

孤高で危険を恐れないマーヴェリック的な政治運動に必要な条件がいくつかある。そのうちの1つは経済的安定だという。マクラフリン自身、今ではかなり裕福な階層にある。

「ロン・ポールもランドも医師で、経済的に安定しています。だから自分の経済的将来を政府改革のためにリスクに晒すことができるのです。すべての富裕層がこのような政治的リスクをとれません。したがって、このポールの運動の中心はきわめてミドルクラスの運動です」

教会に通わないプロチョイスで、大麻合法化賛成論者の社会リベラル派リバタリアン(socially liberal libertarian）にマクラフリンはあてはまる。もちろん、社会リベラル派といっても移民政策と銃所持権では、民主党と合わない。

しかし、その価値観はおよそ保守のイメージとはかけ離れたものでもある。共和党の穏健派が「リバタリアン」と見られるのを嫌うのは、「小さな政府」をめぐる原理主義には、経済争点だけでなく社会争点が入り込むからだ。それだけに社会リバタリアン同士の絆は強い。マクラフリンは今の夫と再婚を決めたのは、お互いが「社会リバタリアン」というキーワードただ

1つだったという。

「私は社会的にリベラルだから、人生のほとんどを通して友達は民主党支持者かインデペンデントでした。私がテキサス州に住んでいた頃、州の共和党は民主党よりも腐敗していました。だから民主党の政策のために民主党の仲間と活動していました。ヒスパニック系法律協会では、私はただ1人の非ヒスパニック系の弁護士でした。社会的に重要な活動だったから参加しました」

マクラフリンはヒスパニック系の判事の選抜のキャンペーン運動にも汗を流した。活動のなかで、ヒスパニック系が力を獲得して地方政治を支配していく様も目の当たりにしたと私に語った。

「世間にはティーパーティが共和党右派の運動だという思い込みがあります。活動する多くの人が在宅学習で育っているからでしょうね。市民としての義務を、公立学校で使わないような共和国についての文献を用いてホームスクーリングで教えている人たちがいます」

「宗教右派についてはどう思っていますか？」

「彼らはローカルでは既によく組織化されています。キリスト教の信仰にあまりに熱心で、いくつかの狭い争点だけで結束して組織をまとめます。必ず同じ投票行動を集団で行います。共働き時代にあって、彼らは夫しか働かない家庭なので社会活動に振り向ける時間があるのです。

階層的にはローアーミドル階級で、たいした資産もありません。しかし、政府に生活に介入してほしくない。私たち社会リベラル派のリバタリアンとそこは同じです」

ローカルの政府が中央政府に勝るべきだという点では一致しているとマクラフリンは強調している。

「アメリカは途方もなく多様な国です。ラディカルなまでに異なる人々を平和にまとめるただ唯一の方法は、なんであれ重要だと思う信念ごとに自由にグループを形成させることしかないという考えについに私は至りました。1960年代、私たちはある種のライフスタイルを求めてカリフォルニアにどっと押し掛けました。今、それらの人々が中西部にふたたび逆戻りしているのです。私がそうしたようにね。社会のために。これがアメリカで未来のビジョンを描くやり方です。管理や規制はなるべくその土地土地で、ローカルにすべきなのです」

そう語るマクラフリンは、日本人学生をホームステイに受け入れ、ほんの少しだけ日本語を理解する。玄米食やオルタナティブな医療についての活動にも熱心だ。民主党がティーパーティの典型として妄想する、反移民の偏狭な人種差別主義者とは、まったくイメージが繋がらなかった。

移民1世を妻に迎えたティーパーティ活動家

マクラフリン同様、地元共和党で委員まで務めながら、共和党に幻滅して去った人物に、アイオワ州コーラルビルで小さな商店を営んでいるマイク・セイヤーがいる。

皮肉にも政治に参加するきっかけは国際結婚だった。セイヤーはトルコ人女性と結婚するためにビザ手続きで頓挫していた。当時住んでいたカンザス州で共和党上院議員ボブ・ドールに口利きを依頼し、なんとかビザの許可がおりた。ドールは恩人である。そのセイヤーが共和党に見切りをつけ、ティーパーティ運動に没頭している。

「ティーパーティは『原点に戻れ』という運動です。合衆国憲法で認められたことしか、してはいけません。主要な目的は歳出、財政赤字、財政的議題です。共和党が一般的に謳っている減税と小さな政府という理念と照らしてみるといいです。ティーパーティが台頭した主な理由は、共和党が減税と小さな政府の約束を破ったからです」

「W・ブッシュ政権のことですか？」

「いや違う。それよりずっと前からです。共和党は過去10年、民主党のように金を使ってきたのです」

「自分はなんだと思いますか？」

「ロナルド・レーガン・リパブリカンです」

「ティーパーティには多様な人が入り込んでいるようですが？」

「その通り。インデペンデント、民主党、共和党、リバタリアン。すべてのミックスです。共和党はティーパーティを取り込もうとしています。しかし、ティーパーティは漸進的な取りくみにはもう飽き飽きしています。大きな一歩が必要です」

セイヤーの部屋には、テレビで有名な保守評論家グレン・ベックが主宰する通信販売で購入したという絵画が掛けられている。オバマを中央にすべてのアメリカ大統領が描かれている。「オバマが憲法を踏みつけているのです。マディソンがオバマに嘆願しています、『なぜ憲法の上に立っているのか？』とね。ジョージ・ワシントンもオバマのほうを向いて嘆いています」

マディソンとは合衆国憲法の主要な執筆者の1人で「アメリカ合衆国憲法の父」と呼ばれるジェームズ・マディソン第4代大統領だ。絵画の右側に描かれた大統領たちは、憲法らしき紙を革靴で踏みつけるオバマに怒りを示し、左側に描かれた大統領たちは拍手をしている。この立ち位置が、憲法保守の歴代の大統領への採点らしい。

「Rマーク（共和党）が名前の右についているからそれでOKとは言えません。候補者を調べ尽くさなければいけません。ティーパーティの価値観に合うかどうかです」

「そういう候補者が勝ち残らなかったら棄権するのですか？」

「いや投票はします。しかし価値観に合致しないといけない。リバタリアン党か憲法党になると思います」

「憲法党？」

「アイオワには憲法党があります。まだ小さな動きですが、ティーパーティ運動のモーメンタムと軌を一にしています」

国際結婚したティーパーティ活動家のセイヤー氏（左上は本文で言及の「絵画」）

アイオワの憲法党とは、1992年に始まったアメリカ納税者党を前身とする州内の運動だが、政党としては規模が小さく、リバタリアン党のような第3勢力になる見通しはない。

「具体的にはどんな問題を感じていますか？」

「連邦政府がしていることには違憲がたくさんあります。住宅都市開発庁？　そんなもの憲法では認められていません。商業開発、自動車会社の救済、政府がGMを所有する？　そんなこと違憲です。州の権利を尊重してローカルな政府にしなければいけません。ローカルな政府こそが人々になにをすべきか一番知っているのです。連邦政府は奇麗な空気を守り、道路を造って、軍隊で防衛をする。まあいいでしょう。でもそこまでです」

「人工妊娠中絶などの社会争点はどうですか？」

「それらは連邦政府ではなく州に決めさせる争点です。もしメリーランド州が人工妊娠中絶を合法としたら、それでいいでしょう。アイオワ州が同様のことをしたら、しかたないでしょう。もし州の決定が気に食わないなら、ほかの州に移住すればいいのです。建国の父たちが想定したのは、1つの法律をすべての州にあてはめるものではありません」

「同性愛についてはどう考えていますか？」

「連邦政府ではなく州に決めさせる問題だということです。州の決定に不満なら引っ越すか州にとどまって法改正運動をすればいい。法律が嫌いなら、活動家になって法を変えるべきです。アメリカとはそういう国なのです」

郡のティーパーティと全国的なティーパーティのネットワークの双方に属して、2週間に1回、電話会議を開くほか、自分のブログを更新しているブロガーでもあるセイヤーは、典型的な憲法保守である。最後まで人工妊娠中絶と同性愛について賛否を明らかにしようとしなかった。トルコ人移民1世を夫人にもつセイヤーは、移民局に膨大な書類手続きを求められた経験から、移民の気持ちがわかるティーパーティ活動家だ。セイヤーの子供は2つの文化と2つの故郷を抱えて育っていく。

憲法修正第10条運動系のティーパーティ活動家にとっては、「反連邦政府」という価値観以外でなにか絶対的な価値を他人に押し付けること自体が不快な行為である。

この社会リバタリアン的な性質と宗教保守の絶対的な価値観という水と油の奇妙な結びつきは、実際のところ「小さな政府」という薄皮一枚の繋がりでしかない。結婚生活が長期に成立するにはあまりに障害の多い「他人同士」である。

党内改革過程としての予備選挙とティーパーティ

政権交代の意義は2回評価されるともいえる。1つは言うまでもなく、政権の公約実現だが、もう1つはどのような論議を経て政権交代したかという選挙過程の含意だ。アメリカでは予備選挙で、内政から外交までかなりの党内議論が尽くされる。共和党内では、ティーパーティによって激しい党内論争がもたらされている。ティーパーティ運動の起源はそもそも「反オバマ」ではなく、「反ブッシュ政権」「反共和党エスタブリッシュメント」にある。増大する支出と財政赤字は、長期化するイラク戦争の戦費などに絡んでブッシュ政権2期目以降にとりわけ批判の対象となった。共和党としては財政問題に有権者の関心を引きつけてティーパーティの動員を利用したいが、教育、環境、社会保障の

「正義を愛するゆえに社会主義を憎む」

削減幅で共和党内のギャップは大きい。

「大きな政府」「小さな政府」という「政府の大きさ」をめぐる分裂は、経済では対立軸がシンプルだ。ティーパーティは「小さな政府」で繋がっている。しかし、内部では社会争点という価値をめぐる分裂、外交争点という介入をめぐる分裂を「時限爆弾」として抱えている。

大統領選挙でティーパーティが納得する共和党の政策綱領に収斂しなかった場合、（1）オバマ再選を止めるためにやむを得ず不本意な候補や政策でも共和党に入れる、（2）予備選には投票しても本選では棄権、（3）リバタリアン党候補など第3候補の立ち上げなどに運動のエネルギーを注ぐ、という3つの方向性が想定される。

ティーパーティ層を抱き込んで（1）の選択肢にもち込む上で、主流の共和党候補は党内の政策調整に気を配る必要がある。政権交代の可能性と価値は、共和党が「保守」のビジョンを一本化して示せるかどうかの党内議論にかかっている。ティーパーティという党内圧力集団が、そのビジョン作りにどこまで健全な影響を与えるのかは未知数だ。

アルバカーキの山肌に夕日が差し込んできた頃、ニューメキシコのティーパーティの面々に最後の質問をしてみた。

「大統領選挙で共和党が穏健派を候補に指名したら本選では棄権するのですか？」

「オバマ以外なら、穏健派でも仕方ないです」

「『オバマ以外』というのは共通しているのです」

「多くの人が感じているのは、オバマは選挙で公約したことを実行していること。オバマはこの国を根本的にチェンジすると約束しています」

「そう、チェンジしているの」

民主党やリベラル派は「チェンジが起きない」と幻滅している。しかし、ティーパーティ活動家は、「チェンジがどんどん実行されている」「チェンジされてしまった」と嘆いている。

チェンジにポジティブな意味を込める人は、医療保険改革法が成立しても、イラクから撤退しても、「チェンジ」が多少はあったと認めようとせずオバマを否定し、チェンジにネガティブな意味を込める集団は「チェンジがどんどん実現してしまっている」と危機感を募らせ、これまたオバマを否定する。

アメリカの理念をめぐる分裂の「視差」として、これほどわかりやすい二重現象もない。

第2章　移民で変わりゆくアメリカ

オバマ再選陣営本部訪問とスペイン語キャンペーン

2011年夏、シカゴのダウンタウンの一角に位置する高層ビル――。オバマ陣営の再選選対本部を訪れた。アメリカの現職大統領が再選選対本部をワシントンの外に置くのは異例である。オバマ陣営は2008年の草の根キャンペーンの継続にあえてこだわった。1階のセキュリティで紹介者のホワイトハウススタッフの名前を告げる。遣いの若い女性が、エレベーターで降りてくるまでに数分もかからなかった。

アメリカの選挙陣営の雰囲気はどこも同じだ。大型のキャンペーンになると部門が増殖し、スタッフ数が増えて相互の意思疎通が難しくなる。私が2000年に集票担当として詰めていたニューヨークはマディソンスクエアガーデン脇の、ヒラリーとゴアの合同選挙本部も、各階がなにをしているのか当初はなかなか見えなかった。

オバマの再選選対本部は、巨大な高層ビルのワンフロアをぶちぬきで使用し、風通しをよくすることを狙った。窓沿いは幹部スタッフの個室だ。ここに選対顧問のデイビッド・アクセルロッドや選対本部長のジム・メシーナなどが陣取る。中央を各部門の大部屋フロアとしている。アウトリーチ、フィールドと並ぶ各フロアがはるか彼方まで続いている。メディア戦略を担当する広報部門は、入り口から右側の一角に位置する。再選選挙までまだ1年以上もある。卓上には資料も少なく、いささか閑散としていた。壁にはニュース番組を映す薄型テレビが並ぶ。

案内してくれた女性の幹部スタッフがさりげなく語った。

「2012年の再選選挙の重要戦略の1つに、英語とスペイン語のバイリンガル・キャンペーンを据えています」

twitter、Facebook、テキストメールなどでスペイン語を用いたメッセージ伝達を行うとともに、コミュニティリーダーとの対話などを通してもスペイン語でのコミュニケーションを強化するという。彼女はこれを「ニュアンスに配慮したアプローチ」と呼んだ。

アフリカ系のオバマにとって2008年の予備選で重要だったのは、ヒラリーとの争いで党内の黒人に認めてもらうことだった。しかし、予備選から一歩離れて共和党との争いになれば、黒人票は最重要ではない。アフリカ系が民主党以外に投票することはほとんどないからだ。

むしろ鍵になるのは、共和党の支持も一定の割合で存在するヒスパニック系である。ヒスパニック系は巨大な票田に育ちつつある。国勢調査によれば、ヒスパニック系人口は2006年時点で約4430万人。全人口の約15%を占めるようになった。

ポイントは人口の増え方が尋常ではないことだ。全人口の伸張率の4倍の速度で増えている。2030年には7300万人、2050年には1億2600万人に達するとの試算もある。

しかもヒスパニック系は、カリフォルニア、テキサス、フロリダなど人口の多い大統領選挙で重要な州に分布している。メキシコ移民は3分の2近くが西部、半数近くがカリフォルニアにいる。2050年までにテキサスで3分の1、カリフォルニアで半数近くの人口がヒスパニック系になるとされている。

オバマは2008年の大統領選挙で、67％という圧倒的なヒスパニック票を獲得して勝利した。共和党のマケイン候補の31％に2倍以上の差をつけての得票だ。

伝統的に、民主党支持度が一番高いのはプエルトリコ系で、彼らはアフリカ系並みに民主党への忠誠心が強い。キューバ系だけは、反カストロの政治亡命移民で共和党支持だった。年齢、所得、教育の各指標でもヒスパニック系内で上位を占めるキューバ系の投票率は高い。メキシコ系などその他のヒスパニック系は両者の中間に位置している。全体としては民主党支持が優勢だ。

しかも、2000年代後半以降の選挙では、共和党寄りだったキューバ系まで民主党に投票し始めている。オバマがフロリダ州でヒスパニック系の多数を獲得したことは、民主党候補としては歴史的な快挙だった。原因は世代交代にある。キューバとの結びつきの希薄化だ。アメリカ生まれの2世、3世にはキューバを訪れたこともない人も増えている。カストロ要因による共和党への傾倒が意味をなさなくなっている。

キューバ以外の出身国からの移民の混入も背景にある。中米移民の流入がとりわけ激しい。フロリダではいまだにキューバ系が多数派を維持してはいるものの、それ以外の移民も増えているのだ。２００８年推計ではマイアミ・デード郡で歴史上初めてキューバ系の人口比率が少数派になった。

オバマが選んだ初のヒスパニック系女性最高裁判事

キューバ系の共和党離れの勢いに乗り、ヒスパニック系支持を維持したいオバマ政権は「ウニビジョン」などスペイン語のメディアをホワイトハウス記者団のインナーサークルとして優遇して、異例のヒスパニック重視策を講じてきた。

その結晶の1つが、２００９年5月にニューヨーク州連邦高裁判事だったソニア・ソトマイヨールを最高裁判事に指名する人事だった。この人選が画期的だったのは、アメリカの最高裁史上初めてのヒスパニック系の女性判事だったことだ。オバマのシカゴ大学時代の同僚のキャス・サンスティーンやハーヴァード大学ロースクール時代の恩師の1人のマーサ・ミノウなど、内輪の人脈が候補にあがっていたなかでのサプライズの抜擢だった。

オバマがソトマイヨールに着目したのは、ブロンクスの低所得地域で育ち、幼い頃に亡くなった父親は英語が話せない移民1世だった生い立ちだ。アメリカ人になって日が浅い「移民色」の強い一家出身で、移民2世という点では、父が外国人留学生だったオバマとも似ている。

オバマ政権は、オバマ個人の人種を押し出さない「脱・人種」と、マイノリティの自尊心をくすぐる伝統的な「人種政治」の両方を狙ったが、黒人とは別のマイノリティ層に焦点を絞ることで黒人と白人の対立軸をぼかした。そこでは「移民の物語」という、人種を束ねる別の共通項が巧みに用いられた。また、女性というジェンダー要因も奏功した。とりわけ民主党のリベラル派にとって、女性の判事の増数は悲願で、歴史上3人目の女性最高裁判事は願ってもない候補だった。

ところが、この鳴り物入りの最高裁判事人事も、2010年中間選挙には貢献しなかった。たしかに、連邦下院選挙ではヒスパニック系は60%が民主党に投票し、共和党の38%を大きく引き離しはした。しかし、2006年の中間選挙ではヒスパニック系の69%が民主党を支持している。これといって大躍進したわけではない。それどころか、民主党は選挙で惨敗し、下院多数派を共和党に明け渡した。

アルバカーキ中心部にキャンパスを有するニューメキシコ大学政治学部——。ここに気鋭の若手ヒスパニック系研究者の男女がいる。ヒスパニック系有権者の投票行動やヒスパニック系政治をめぐる調査研究を進めるガブリエル・サンチェス准教授とジリアン・アン・メデイロス助教の2人だ。

「最高裁判事人事がヒスパニック票の急伸に役立たなかったのはなぜなのか？」

このシンプルな質問を携え、私は2人の待つ研究室を訪ねた。

「ヒスパニック系の内実について理解がまだ足りないのです」

そう答えるサンチェス准教授は、そもそも「ヒスパニック」という単一集団が「エスニシティ」としては存在せず、アイデンティティが出身国別に分裂している実態を解説した。

「共和党がマルコ・ルビオ（上院議員）を副大統領候補に選んだとしましょう。南西部のメキシコ系は彼を仲間だとは見なしませんね。彼はキューバ系です。それにエリートです。大半のメキシコ系にとって彼はほとんど白人なのです。私はこれを『対立（conflict）』とは呼びませんが、明らかに出身国別の『分裂（division）』が（ヒスパニック系内に）あります」

このように述べるサンチェス准教授によれば、ニューメキシコ州のメキシコ系知事スザナ・マルチネスも似たような境遇にあるという。

「ニューヨークのプエルトリコ系やフロリダのキューバ系は、マルチネス知事を自分たちの仲間とは見なしていません。ヒスパニック系候補の擁立は、黒人候補の擁立ほど効果はありません。ソトマイヨールの最高裁判事就任が、どれだけヒスパニック系に意味をもったのかの調査があります。ニューヨークから遠く離れた南西部での回答は、『たしかに誇りに思うけれど、彼女は本当は我々の仲間ではない。だってプエルトリコ系だから』というものが多かったわけです。『メキシコ系』は『メキシコ系』の判事をほしがっています。大統領選挙でも同じです」

意味は似ているが「ヒスパニック」と「ラチーノ」は用語として異なるニュアンスがある。「ヒスパニック」とは、連邦政府が決めた国勢調査用の造語である。

「自分で自分を『ヒスパニック』と呼べば他者に押し付けられたこの定義を受け入れてしまうことになるのです。だから、ラチーノのほうが、より普遍的に受け入れられている言葉です」

サンチェス准教授はこう説明した。さらにもう1つ「ヒスパニック」が否定的なニュアンスをもつ背景がある。それはメキシコの独立革命以前のスペインの植民地支配の含意だ。

そもそもメキシコ系アメリカ人第1号は移民ではない。アメリカが1845年にテキサス共和国を併合し、1848年にメキシコとアメリカのあいだで戦われた米墨戦争でメキシコが敗れたときにメキシコ系アメリカ人が誕生したのである。ニューメキシコ、カリフォルニア、ネバダ、ユタ、コロラド、アリゾナ、テキサスの各州はメキシコの領土だったが、これがアメリカの「テリトリー」に加えられた。この地域の都市や川の名前がどれもスペイン語に由来しているのはそのためだ。南西部では、メキシコ系はアメリカ先住民と同じような「ネイティブ」の地位にある。

現在では、スペイン人に直接の祖先の多いニューメキシコ州だけ、例外的に「ヒスパニック」が肯定的な自尊心を満たす名称として使用されている。しかし、ニューメキシコ州以外の南西部諸州では、スペインは植民地支配のシンボルでしかない。

ニューメキシコ大学のメデイロス助教(左)とサンチェス准教授(右)

サンチェス准教授は次のように警告した。

「自分が選挙陣営にいたら、ニューメキシコ州以外では、『ヒスパニック』という呼称は選挙運動で絶対使用しないですね」

長年の「白人と黒人」の「カラーライン」政治に慣れ過ぎたアメリカ政治の現場は、マイノリティを扱うさい、とかく出身国別ではなく人種区分に相当する括りでまとめたがる傾向がある。「ホワイトエスニック」と呼ばれるワスプ（白人アングロサクソン系プロテスタント教徒）以外の白人のことは、イタリア系、ポーランド系など出身国別に細分化するのに、どうしてマイノリティについては「アジア系」「ヒスパニック系」と「大摑み」で片付けられることが多いのか。２０００年にニューヨークでヒラリー陣営の集票を担当していた私も、不思議に思ったことがある。
民主党の選挙現場の先輩たちの回答は「奴隷貿易でルーツが一度リセットされてしまっている黒人は、出身国別では分けられない」というものだった。しかし、選挙現場での経験で明快な回答が得られたのは黒人についてだけだった。

「文化」としての人種を共有するということ

なるほどアメリカの黒人社会では、散発的なアフリカ回帰運動のようなものはあっても、一般的に言って、心理的な帰属はルーツの西アフリカの部族にはない。オバマのようにケニアのルオ族に望郷の念をもつのは父親がケニア人留学生で、ケニアの親族が具体的に判明し、現在も存在しているからだ。奴隷制や人種隔離制度の辛酸を舐めている黒人は、人種的にはアフリカ系でも、アフリカ大陸の信仰や部族とは切り離された「アメリカの黒人」という新しいエスニシティとして出発している。

この経緯は、アフリカからの自由移民、つまり文字通りの「アフリカ系」の到来によって逆説的な分裂を「アフリカ系」内部に生み出している。首都ワシントンなどでタクシーに乗ると運転手が、エチオピア移民の黒人ドライバーだったりする。彼らと親しくなると、アメリカの黒人社会に今ひとつ溶け込めないという悩み相談に発展することがままある。

アメリカ黒人のあいだでは、奴隷制や公民権運動の歴史共有のアイデンティティが濃厚過ぎて、自由意志でアメリカに職を求めて渡ってきた実利的なアフリカ系移民は、肌の色が同じでも、市民権を得ても、「アフリカ人」扱いされることがある。このジレンマを一番知っているのがオバマだ。

ケニアからの留学生の血を半分受け継いでいるオバマも、人種的に自動的に「アメリカ黒人」になれたわけではない。シカゴ南部で黒人の貧困を撲滅するための住民運動にのめり込み、自らのアイデンティティを追求した。「黒人のたましい」に真剣に向き合うオバマの姿はコミュニティの黒人の心を打ち、南部育ちの黒人以上に黒人らしい「アメリカ黒人」としてのバラク・オバマを生み出した。ミシェル夫人との恋やミシェルの実家のロビンソン一家との邂逅も、オバマの「アメリカ黒人」化を深めた。

アメリカの人種政治で興味深いのは、同胞として認知される条件は「歴史や文化」の共有であることだ。肌の色がほとんど白人並みに白いアフリカ系も黒人として扱われるし、みずからそれを望む。白人とのバイレイシャルは「血の一滴」の法則で白人として分類されることを認められなかった過去があるが、それを理不尽と思うアフリカ系はいない。むしろ一滴でも黒人の血が入って黒人の親に育てられれば、それを誇りに思う気風がある。

極論すれば、人種が別でも黒人に育てられれば、あるいは黒人と結婚して黒人教会に通い、コミュニティにどっぷり浸かれば、名誉ブラザーになれる。黒人有名歌手ライオネル・リッチーの養女で、白人モデルのニコール・リッチーは「心は黒人です」と公言しているが、アメリカの黒人はそれをあたたかく受け入れる。

しかし、人種が同じでも、それにあぐらをかいて精神を心底共有しないのであれば、本来のブラザーではない。つまりアメリカにおける人種は、生物学的な分類である以上に「文化」である。だからこそ、アメリカの政治や選挙の現場では、有権者の人種とエスニシティは、明示的に分けられておらず、限りなく同じようなものとして扱われている。

白人上院議員とアフリカ系の相互理解をめぐる映画『ブルワース』

この難問を描いた映画が『ブルワース』(1998年)だ。人種をめぐる偽善と真実を問う作品である。人種問題をめぐる映画といえば、『ミシシッピー・バーニング』(1988年)など「公民権運動もの」「南部もの」がお定まりと思われがちだが、現代アメリカ、とりわけ都市部の人種問題のスナップショットを味わうには、『ブルワース』に勝るリアリティをもった作品は近年ではない。

連邦上院選でカリフォルニア州議席での再選を目指すブルワース上院議員の風変わりな選挙戦を舞台に、アフリカ系の信頼を勝ち得ること、本当の意味の人種的和解とはなにかを問う。

ポイントは、共和党と民主党のバトルである本選ではなく、民主党の予備選が舞台であることだ。黒人の味方とされているアメリカの民主党の偽善性をめぐる鋭い批判をするには格好の舞台だ。

民主党はマイノリティに優しい党とされてきた。しかし、黒人はわだかまりをもっている。マイノリティ票に媚びながら、その実、ビバリーヒルズの金持ち献金者にしか関心のない、口先の偽善に敏感なのだ。ブルワースは、偽善を排し、体当たりで、貧困にあえぐ黒人の文化を理解しようと挑戦する。

「ホワイト」である上院議員が黒人女性に恋をして、彼女にとっての「マイニガー（私の愛すべき黒人男子）」になろうとする。はたしてなれるのかどうかが映画の結末を左右する。ちなみに差別用語は、差別されている人々が使えば、誇りを表す言葉に転換することがある。「Nワード」としてアメリカの放送禁止用語であるニガーもその1つだ。黒人たちは親愛を込めてニガーと呼び合う。白人がそう勝手に名付けた過去を皮肉る目的もある。言葉だけ丁寧にしておけば安全というメディアが、アフリカン・アメリカンという呼称に固執する滑稽さも滲む。

作品では、アフリカ系が、自分たちアフリカ系出身の政治家に夢を託すのではなく、アフリカ系と心で通い合う白人政治家ブルワースに期待を投影した点に、現実性がある。誕生すべきは、新しいタイプの〈白人に敵対心を抱かせないアフリカ系政治家〉か、ブルワースのような

〈アフリカ系を心で包み込む白人政治家〉しかないからだ。いずれにせよ人種横断的な人物が、アメリカの「統合」の最初の「きっかけ」として必要だった。

オバマは、はたしてアフリカ系版の「ブルワース」なのかどうか。1990年代末に公開され話題なったこの作品は、アフリカ系大統領が誕生した今こそ深い意味をもつだろう。10年近く後にアフリカ系の大統領が誕生すると、『ブルワース』を観ていた当時のアメリカ人が実感していたとは思えないからだ。

2010年1月にピューリサーチセンターが、オバマについて人種をめぐる調査をしている。「オバマはブラックか、ミックスド・レイスか」という質問の回答に違いが出た。

黒人は過半数（55％）が「オバマはブラックである」と答え、「ミックス」と答えた人は34％だけだった。白人は逆に過半数（53％）がオバマを「ミックス」と見ており、「オバマは黒人である」としたのはわずか24％だった。そして、ヒスパニック系は61％がオバマを「ミックス」であると考えていて、「ブラック」と見なしたのは23％だった。

オバマは黒人にとっては「ブラザー」であり、白人にとってバイレイシャル（多人種）として白人と黒人の「橋渡し役」であり、ヒスパニック系にとっては「マイノリティの代表」である。それぞれに好意的に解釈される素地があったのは幸運だったが、オバマの努力も並大抵ではなかった。黒人に黒人と認めてもらい、白人には黒人の人種的な利益だけを求める旧来の黒人政治家ではないことを知ってもらい、ヒスパニック系にはマイノリティ全体の味方であることをアピールしなくてはならなかったからだ。

サミュエル・ハンチントンのヒスパニック論を再評価する

さて話をヒスパニックに戻そう。かつてハーヴァード大学教授のサミュエル・ハンチントンはメキシコ移民を、アメリカのほかの移民とは根本的に異なると定義して論争を呼んだ。ハンチントンのメキシコ系異質論の根拠は以下の通りだった。

第1に、メキシコはアメリカと陸続きで国境を接していること。第2に、移民の数が多いこと。第3に、不法移民もこれまた多いこと。第4に、メキシコ移民の3分の2近くが西部在住で、しかも半数近くがカリフォルニア州にいる地域限定性。第5に、移民の勢いが止まる気配がないこと。第6に、アメリカの領土に過去の所有権を主張できる歴史的経緯。

さらにハンチントンは、メキシコ移民が英語、教育、エスニック集団をまたいだ結婚などの諸点で同化が著しく遅れている集団と論じた。たしかに、ヒスパニック系は20世紀後半に流入したほかのどの主要な移民グループに比べてもアメリカ帰化率が低い。ヒスパニック系のなかには、出身国に戻ることを前提とした「出稼ぎ」感覚の移民も少なくないことや、不法移民の圧倒的な多さが背景にある。

ハンチントンの議論に反論したのは、ヒスパニック政治研究者のルイス・ファラガとギャリー・セグラだった。プロテスタントの価値観が普遍的に受容されているアメリカで、ヒスパニック系だけがそれに抵抗しているというハンチントンの論に噛み付いた。ファラガとセグラの反論は、プロテスタントの価値観がそのまま受容されたことなどアメリカの歴史上一度もなく、それは単に押し付けにすぎなかったというものだ。黒人奴隷にしてもほかの非白人移民にしても時代背景がそうさせたが、ヒスパニック系はそうした押しつけが、もはや難しい時代になってからの移民であることに原因があると2人は主張した。

しかし、サンチェス准教授は、ハンチントンの議論にも見るべき箇所があると指摘する。

「1つハンチントンの議論で（ヒスパニック系について）きわめて正確だったのは、同化をめぐる分析です。アジア系は文化的な同化が急速です。例えば、アジア系の英語適応はラチーノ移民よりも格段に速いですよね。市民権の獲得もラチーノより速い。つまり、経済的な同化ですね」

アジア系にも日系、中国系といった出身国別アイデンティティがある。しかし、人数が少ないグループとしてアジア系の一体感の醸成を目指す、汎アジア太平洋的なエスニシティとしても成長しつつある。

例えば、2000年のニューヨークのヒラリーとゴアの選挙戦では、上司のクリストファー・マギネス局長の許可を得て、私のアイデアで、韓国語から中国語、タガログ語、ヒンドゥー語、ベンガル語、ウルドゥー語まで数ヶ国のアジア言語を同じ1枚のポスターに入れて作成し、「アジア太平洋諸島系」を出身国別に分けずに、あえて1つの共通のエスニック意識を感じさせるキャンペーンを展開したことがある。資金パーティやイベントも通常は緊張関係にあるパキスタン系、インド系を同席させ、独自のグループをもつ東アジア系や中国系も入れて合同で開催した。みずからの現場経験として、この事例を准教授に訊ねた。

「ヒスパニック系はどうして出身国別にこだわるのでしょうか？」

「誰について語るかによります。アジア系でもラチーノでも、政治のエリート層、利益団体の指導者、選挙で選ばれた公職者などは汎エスニックな概念を代弁したがります。なぜなら彼らは、数は力だと知っているからです。しかし、調査結果を見れば、アジア系でもラチーノでも平均的な一般市民のアイデンティティは、韓国系、日系、中国系など（出身国別）ですね。エリート層が、汎エスニックなアイデンティティをもち出して、それを鼓舞しようとしているのです」

アジア系は出身国別に言語など文化の違いも少なくない。それだけに汎エスニックな人工概念としての「アジア系」という概念を「仮面」として割り切れる部分もある。しかし、ヒスパニック系は少なくともスペイン語という言語的な共通性があり文化が近い。「出身国」というアイデンティティで、独自性にこだわる衝動もあろう。

「エスニシティ」は経験と歴史の共有で生成される。しかし、アフリカ系にとってのキング牧師の公民権運動と並ぶムーブメントがヒスパニック系にはない。また、運動が政党と結びついてないことも、ヒスパニック系の投票行動が民主党／共和党のどちらかに偏らず、浮動票になりやすい原因である。アフリカ系は民主党と歴史的な絆があるが、ヒスパニック系はどちらの政党とも公民権運動のようなものを通した絆はないからだ。

全米農業労働者組合を率いて、低賃金農場労働者の雇用環境の改善を目指した、セサール・チャベスの主導した農業労働者運動はあった。しかし、メディイロス助教は、チャベスの農業労働者運動は独自路線を志向し、民主党と連動できなかったと指摘する。

「当時、今いる移民の多くは、まだアメリカに渡っていませんでした。黒人と民主党の関係は、より害の少ないほうを選ぶ2択です。アフリカ系アメリカ人が民主党を愛しているわけではないのです。彼らはただ単に『投票するなら〈民主党か、投票しないか〉、共和党は黒人を嫌っている』と考えているのです。ラチーノはそうではありませんが、多少その兆しはあります。反移民のレトリックが、ティーパーティによって繰り出される反ラチーノのレトリックになっていけば、ラチーノの選択肢も黒人と同じようになります。〈民主党か共和党か〉ではなく、〈民主党か棄権か〉の選択です」

「移民」という経済のスケープゴート＝アンカーベイビー論争

「移民問題は社会争点のように見えますが、財政問題でもあるのです」

そう訴えるニューメキシコのティーパーティ活動家は、「アンカーベイビー」の問題が不満として浮上していると指摘していた。国境を越えてアメリカ側の病院に駆け込んで出産する不法移民が後を絶たない。アメリカ国内で生まれた子供はアメリカ人だ。その子供をいわば「碇」にして、家族を呼び寄せる。だからアンカーベイビーと俗称されるようになった。

テキサス州ヒューストンのベン・タウブ総合病院とリンドン・ジョンソン総合病院では、2000年代半ばには病院で生まれた子供の7割から8割が、不法移民となる事態に見舞われた。

憲法修正第14条ではアメリカ国内で生まれれば、誰でもアメリカ市民権を得ることが明記されている。いわゆる出生地主義であるが、元来は奴隷から解放された黒人にしっかりと市民権を与えて保護するために作られた修正条項であった。病院のコストを不法移民ではなく、アメリカの市民が負担するのはおかしいとして修正第14条の改正の声が広がりつつある。

サンチェス准教授はこう解説した。

「前の世代ではアジア系が責められました。それ以前ではヨーロッパ移民がそうでした。イタリア系やアイルランド系です。それが今はラチーノに起きている。アメリカの歴史ではなんら新しいことではないです。経済が悪くなると移民がやり玉にあがるのです」

ピューリサーチセンターの調査（2011年2月）によると、不法移民をめぐる懸念は「政府負担が増える」（40％）に次いで「雇用に悪影響」（27％）、「犯罪増加」（9％）と、不法移民問題が経済問題であることがわかる。「アメリカらしさ（US Way of Life）に悪影響」は6％でしかない。「雇用に悪影響」が「経済負担が増える」よりも懸念として上回っている回答者グループが3つだけあり、黒人、18歳から29歳の若年層、高卒以下の学歴の市民と、いずれも雇用不安を抱える層と重なる。

一方で、ヒスパニック系の合法移民も不法移民に職を奪われる不安に晒されている。そのため従来のように文化への理解を示す方法だけでは選挙対策は通用しなくなっているという。

「ブッシュは片言のスペイン語を話しましたが、ああいうのはもう通用しないのですか？」

私の質問に対して、サンチェス准教授は次のように答えた。

「ある程度は意味がありますす。少なくともブッシュのような人なら。彼は人々の心に入っていく特別の才能がありました。とりわけ低所得の人々の心に。しかし、それが通用しなくなっています。スペイン語を話す白人の候補者を据えるくらいなら、まだラチーノの候補者を擁立したほうが効果大です。例えばミット・ロムニーが共和党の候補になって、ラチーノの副大統領候補を指名したらどうか――。これは（ヒスパニック系の）有権者はかなり迷いますよ」

ヒスパニック系の共和党政治家の台頭

「福祉に依存する弱者」ではなく「新しいアメリカンドリームの担い手」。共和党はヒスパニック系をこのようにイメージしようとしている。いわばヒーローの創造である。ソトマイヨール最高裁判事で、民主党が思ったほど成果をあげられなかったこの方法をあえて踏襲するのはなぜか。

第1に、ヒスパニック系の経済的な発展だ。中小企業の起業などでヒスパニック系は確実に成長している。２００４年の大統領選挙では、民主党ケリー陣営が、この変容を読み取れず、「保護すべき弱者」とヒスパニック系を理解してニーズを誤算した。

第2に、保守派の反移民感情に配慮せざるを得ない共和党にとって、移民に優しい政策を打ち出すことが事実上難しいからだ。民主党とは別の理由による手詰まりから、候補者頼みの「象徴」に訴える作戦しかない。ニューメキシコ州は、この共和党戦略のモデルケース州として注目されている。

人口約２０５万９０００人のニューメキシコ州の人口動態は２０１０年の国勢調査によれば以下の通りだ。ヒスパニックもしくはラチーノ起源46・３%、非ヒスパニック白人40・５%、黒人２・１%、アメリカンインディアンもしくはアラスカ原住民９・４%、アジア系１・４%、ネイティブハワイアンもしくは太平洋諸島系0・1%。

　言うまでもなく、ヒスパニック系の突出が圧倒的である。家庭で使用する言語が英語以外の家庭は、全米平均19・6%に対して35・9%。実に3割半の家庭が英語以外の言語、具体的にはスペイン語を家族の言葉にして生活しているバイリンガルの州となっている。

　クリントン政権で国連大使などを務めた民主党の大物ビル・リチャードソンのように、ヒスパニック系の政治家が台頭しやすい州だ。リチャードソンは州知事となったのち2008年大統領選挙にも出馬した。

　2010年の中間選挙で、ある「異変」が起きた。全米で初めての女性のヒスパニック系知事がニューメキシコ州で誕生したのだ。ジェンダーとエスニシティの双方でガラスの壁を破ったのは、共和党候補のスザナ・マルチネスだった。女性運動とマイノリティのための公民権の擁護者だった民主党は、完全にお株を奪われた格好となった。

　マルチネスを支える副知事が、2012年に連邦上院選に立候補している野心家で、やはりヒスパニック系のジョン・サンチェスである。サンチェス副知事は黒人を彷彿とさせる同胞愛を強調する情熱派だ。ヒスパニック系の誇りを称揚するレトリックにおける伝家の宝刀は、ヒスパニック系の北米での歴史の古さだという。これはハンチントンも指摘した点だ。

　サンチェス副知事を訪問した私は、こう質問した。

「どうして共和党政治家になろうと思ったのでしょうか? ヒスパニック系としてなにを主張しているのでしょうか?」

サンチェス副知事は日本人の勤勉さにいくつか世辞を述べたあと、次のように話し始めた。

「私のアメリカでのルーツは実に古いです。ニューイングランドでピルグリムファーザーズが、プリマスの岩に到着したよりも先に、私の祖先のスペイン人はここにいたのですから。私はルーツをスペインの入植者に辿ることができます。数百年も昔です。それだけでなく、私の家族の伝統は政治にも繋がっています」

1912年にニューメキシコが州になるずっと前のテリトリー時代から、1930年までサンチェスの祖父は政治家だった。しかも1930年以前、ヒスパニック系は共和党支持だった。

「今日では大半が民主党に有権者登録していますが、彼らを共和党に取り戻さないといけません」

このように語るサンチェスは、自分は貧困な環境で育ったことをことさらに強調することで、一般的な共和党政治家との差別化を目指しているようだった。

「私は典型的な共和党員ではありません。共和党員は銀のスプーンをくわえて生まれてきたような人ばかりだという認識がアメリカにはあります。私は正反対です。母子家庭で8人兄弟の末っ子。絶対的な貧困の淵にいましたが、アメリカンドリームを生きるという言葉が好きでした。よく働き、学び、大きな夢をもてば、現実にアメリカンドリームを達成できるのだと」

　サンチェスは、資本主義と自由市場を信じ、政府は小さいほどいいと主張する。その根拠は自分の成功であるという単純化された論理だ。１９３０年代の大恐慌でヒスパニック系は民主党支持になった。ヒスパニック系の台頭や成功を共和党が象徴するのは、はたして現実的なのか。サンチェス副知事はこう私に言った。

「新しいヒスパニック系の世代が誕生しているのです。彼らはより上昇志向で、より高い教育を受けていて、アメリカ社会の中心にしっかり繋がっています。以前のヒスパニック系のコミュニティというのは、安い労働力と同義でした。現在では、もっとソフィスティケートされた層が出現しています。ヒスパニック系は元来勤勉で思慮深いですし、人口でもアフリカ系を凌駕しつつあります」

　２０１２年上院選の対抗馬で、共和党穏健派の白人女性候補へザー・ウィルソンとの差別化をはかるサンチェスは、「『常識ある保守の共和党員』と自分を呼びたいですね。プロライフ（人工妊娠中絶反対）です。伝統的な（異性同士の）結婚を信じます」と述べ、社会争点で保守性を強調した。

　マイノリティであるサンチェスが保守性を売りにし、白人のウィルソンが穏健派という「ねじれ現象」。これがサンチェスの言う「ソフィスティケートされた」新しいヒスパニック系の未来に良いことなのか、たんなる共和党の選挙戦略の域を出ないのか、まだ見えない。

共和党はなかなか主張しにくい「反移民」路線をヒスパニック系の政治家に代弁させてしまう戦略をとっている。犯罪対策は反不法移民を正当化する道具として便利だ。マルチネス知事は地方検事だったため、選挙キャンペーンでは「犯罪に厳しくします。だからこそ国境警備もしっかりします」と訴えた。不法移民を送還するという刺激的な物言いなしに、有権者にアピールした。

ニューメキシコ州のサンチェス副知事(左)にインタビューする筆者

サンチェス副知事も不法移民に厳しい姿勢を示してはいる。しかし、自分の会社が不法移民を雇用していたという矛盾したスキャンダルも2002年に発覚している。不法移民の安い労働力なしに動かない州経済の暗部を抱え、矛盾は拡大する一方だ。

合法移民と不法移民の亀裂ライン

ヒスパニック系の保守性は、元来はカトリック教徒としての社会争点にある。人工妊娠中絶や同性婚にはこぞって否定的で、家庭の絆や価値を称揚する。しかし、社会争点だけでなく、アメリカンドリームをめぐる価値観に共感したヒスパニック系も少なくない。

1980年代のレーガン政権時代に、実家が民主党支持から共和党支持に鞍替えした経験をもつ人物に、共和党系政治コンサルタントのジェイミー・エストラダがいる。ブッシュ政権では商務省の官僚も経験した。鞍替えした「レーガン・デモクラット」には、エストラダ家のようなヒスパニック系も少なくなかったのだと言う。

「レーガンは我々の社会的な価値観、つまりプロライフ、プロファミリー（家族の価値重視）、プロマリッジ（結婚の価値重視）というものと共鳴しました。しかし、それだけではありませんでした。個人の責任を促進したのです。これは実はヒスパニック系にとって実に馴染みのある価値観です。私の両親は極貧で育ちました。父は12人兄弟。16歳のときに母を亡くしました。私の祖父はアルコール依存症だったそうです。一家はカリフォルニアに移住して、収穫期に作物を刈り入れる労働者になる選択肢しかなかった。しかし、叔母も叔父も父も、決して物乞いだけはしてはいけないのだと私に教えました。これは私の家族についてだけかもしれません。しかし、レーガンは『施しの政党』との対比で『機会の政党』をつくりあげたのです」

望まずにアメリカに連れてこられ、奴隷という所有財産として人間以下に貶められてきた黒人は、アファーマティブアクション（積極的差別是正措置）という黒人に対する政府からの賠償的な含意のある社会福祉制度に依存してきた。ヒスパニック系の自由移民がみずから国境を渡り、アメリカで社会階層を上昇してきた経緯とはあまりに違う。この違いを重視してほしい、「マイノリティ問題」をひと括りにしないでほしいと、ヒスパニック系の多くは考えている。

そしてこの差が、アメリカの移民問題にも無視できない影響を与えている。エストラダは言う。

「不法移民に激しく反対しているヒスパニック系が多数います。なぜならアンフェアだからです。多くのヒスパニック系はアメリカでなにかをつくりあげるためにきました。アメリカから吸い取るためではないのです。ヒスパニック系の少なからずが、最近のヒスパニック移民のなかには、無料の医療でもなんでもそうですが、ただ福祉を受けるためにきている者がいると考えています。そして今や職を奪いにきているとさえ思われ始めている。合法的にいる人の列に割り込んでくるなと」

保守系政治コンサルタント、ジェイミー・エストラダ氏

エストラダはこうしたヒスパニック系の利害をめぐる合法移民と不法移民の分裂が、ヒスパニック系の保守化と関係していると分析する。所属政党を変えないまま、つまり民主党に建前上は登録しておきながら、選挙ごとに保守的な投票も行うヒスパニック層の拡大である。そしてスザナ・マルチネスがニューメキシコ州の知事にな

れたのも、単に女性でヒスパニック系だったからではなく、苦労してビジネスで成功している合法移民の味方であるという「旗色」を鮮明にしたからだという。

エストラダによれば、ヒスパニック系に向けた共和党の戦略は、「党について語らないこと」に尽きる。人工妊娠中絶を容認する民主党の立場（プロチョイス）をさりげなく伝え、ヒスパニック系の多くが反対する同性婚の広がりについて語り、最後は経済問題について語るのが定石だとエストランダは指摘する。

「共和党とか民主党とか話題にしてはだめです。最終的に彼らは共和党に鞍替えしてくれるかもしれない。しかし、争点から対話を始めないとだめです。個別の争点について語り、党については語らない。そういうコミュニケーションで接することです。共和党員になるように迫れば、有権者はそっぽを向くでしょう。有権者の心理として、共和党は金持ちのための政党というイメージはいまだにあるからです」

移民政策ではヒスパニック系や移民全体について語れば、ヒスパニック系は自分が追い出されるのかと危機感を抱く。不法移民だけをやり玉にあげないといけない。ティーパーティ運動の主張に見られる、反移民の過激なレトリックには、エストラダも警戒感を隠さない。

「公正性や法律、社会秩序について語れば、ヒスパニック票はついてきます。しかしメキシコ人が職を奪っているとかそういう話をすれば、感情を逆なでしてしまうのです。個人的には、そういうのは、望ましいアプローチとは思えません」

オバマ政権の移民政策と民主党ヒスパニック系

ニューメキシコ州の北部にサンタフェという街がある。1607年に端を発する古都で、アメリカで2番目の歴史の長さを誇る。その美しい建築と街並みは、訪れる者を感動させる。芸術家が住み着くアートの街としても知られる。

アルバカーキから高速道路で2時間。地平線の彼方まで乾燥した赤い大地が左右にパノラマのように広がる道を、サンタフェ目指して私の車は全力疾走で北上した。民主党州委員長のハビア・ゴンザレスと昼食をともにするためだ。観光地サンタフェは州都でもあり、政界の要人はサンタフェにいることが少なくない。

オバマ政権は包括的移民制度改革を政策課題に掲げてきた。目玉は1200万人ともいわれる不法移民への合法地位の付与だ。しかし、政権1年目に移民制度改革はなにも進まなかった。医療保険制度改革に手間取り、大型景気刺激策でも経済が回復しなかった。労働者の反発を呼びかねない合法化案は先送りとなったのだ。

2009年9月、連邦議会でオバマ大統領が医療保険改革に支持を訴える両院向け演説をしていたさい、「嘘つきだ!」というヤジが飛んだ。共和党のジョー・ウィルソン下院議員（サウスカロライナ州選出）だった。オバマが不法移民は医療保険の利益を受けないと約束していたが、これを覆して不法移民に甘くするのではないかという怒りの意思表示だった。

合法化の推進には、将来的には不法移民が入ってこないようにするための「包括案」が不可欠だ。2009年12月にルイス・グティエレス下院議員（イリノイ州選出）が提案した法案は、500ドルの罰金、英語学習、犯罪歴審査を条件に、出身国への帰国なしに不法移民に合法地位を与えるとしていた。国境警備員に対する追加の訓練や移民刑務所の環境改善なども盛り込んだ。しかし、肝心のオバマ政権は　経済の悪化でまったく身動きがとれなかった。

州委員長のゴンザレスは、エスニック集団の代表政治が終焉を迎えていることを示唆する。

「多くのヒスパニック系は、ヒスパニック系の知事を当選させることが、必ずしもヒスパニック系のための政策に繫がるとは限らないことを認識し始めています。今こそ民主党とオバマ大統領は、ヒスパニック系のための政策を打ち出す必要があります。ヒスパニック系は圧倒的に民主党員として選挙登録するのですが、いざ投票となるとインデペンデントなのです」

「オバマ大統領にあえて注文をつけるとすればなにをしてほしいですか？」

ゴンザレスには、オバマの移民社会への微妙な距離の取り方への不満の表情もうかがえた。

「ホワイトハウスも民主党全国委員会も努力はしています。ヒスパニック系アウトリーチをしています。しかし、大統領の直接の関与が支持に繫がります。ブッシュがヒスパニック系にしたように、あるいはクリントンが黒人にしたように、オバマ大統領の直接の関与が必要です。起業支援、教育、卒業率対策、高齢者の福祉などヒスパニック系社会の懸案についてのビジョンを明確にオバマ大統領自身が述べるべきです」

ゴンザレスは、第1に、党のリベラル票田向けのメッセージはヒスパニック系には通用しないため、説得の仕方を穏健にリメイクすべきだとした上で、第2に、ニューメキシコ州に実際に大統領が訪れるべきだとしている。第3に、雇用政策を最優先にすべきだとアドバイスする。

唯一の福音はティーパーティの存在だという。

「ティーパーティは民主党にとって最高の贈り物の1つです。今のところティーパーティは主流のアメリカ人からはかけ離れているように見られがちです。ティーパーティのことを知れば知るほど、ティーパーティが目立てば目立つほど、人々は彼らに違和感を抱きます。私たちは共和党をティーパーティと同じように色分けしています。共和党は（ティーパーティと一緒にされるのは）嫌でしょうが、私や民主党にとっては同じようなものだからです」

民主党ニューメキシコ州委員長ハビア・ゴンザレス氏

しかし、移民改革が進まないのでは、ティーパーティをスケープゴートにガス抜きをしたところで、小手先の戦略に終わりかねない。オバマ政権にとって致命的なことに、オバマ政権が誕生してから、不法移民の強制送還数がブッシュ政権期以上に増加している。ニューメキシコ大学の調査では、約25％の合法移民の有権者が、知り合いの誰かが強制送還された経験があると回答している。

「オバマ政権は1年目の移民改革の約束をはたせませんでしたが？」とニューメキシコ大学のメデイロス助教に問うてみた。彼女は間髪容《い》れずにこう答えた。

「はたせませんでしたし、今後も約束ははたせないと思います。実現できっこないのです。民主党はかろうじて、ラチーノ選挙民にとって重要な医療保険改革を成し遂げたこと、部分的な市民権付与につながる『ドリーム法案』に尽力していることを強調するでしょう。しかし、もしブッシュ大統領が展開したアウトリーチ戦略ができる、誰か賢い共和党政治家が現れたら、票をかなりもっていかれてしまうでしょう」

人種とエスニックの街「シカゴ」再訪

オバマの本拠地のシカゴは、私にとってもアメリカの本拠地だ。ヒラリーとゴアの選挙でアジア系社会との膝詰めの付き合いなどで、あわせて2回住んだマンハッタンも思い入れは深いし、細切れで3回住んだワシントンも嫌いではない。しかし、シカゴは特別である。それは在学していた大学があったというより、議会の仕事で担当した選挙区だったからだ。選挙民のイシュー別の陳情の手紙を大量に読んで、地元に貢献する思考回路を強いられたことで、外国人の私にまで地元意識が身についた。人口動態、教会や労組から思想分布まで、暗記したことはそう簡単には忘れられない。

いつも必ず訪れるのはかつての上司、シャコウスキー連邦下院議員邸だ。地元リベラル派の議員やユダヤ系をはじめとするエスニック・リーダーが集う。キャノン下院議員会館でしていたように私も居間の奥にある「ワールーム」の作戦会議に加わる。

シャコウスキーはイリノイ州議会時代からオバマの先輩として目をかけ、オバマを支援してきた立役者である。連邦上院議員に当選した新人のオバマに自分のスタッフを分け与えたし、選挙陣営やホワイトハウスにも中堅スタッフを提供した。この街から自分たちがオバマを送り出したという自負は今でも消えない。

2006年11月、オバマ擁立に動いていたシャコウスキーは次のように私に語っていた。

「オバマは、経験不足だと指摘されるが、それは事実です。しかし、インドネシアで過ごし、バイレイシャルという多様な経験を内包していることが、逆に強みになっています。ただの黒人候補ではない。黒人票というのは興味深い。今はヒラリーを黒人は支持しているかもしれない。しかし、これまで数十年間におよぶ私の黒人社会とのかかわりの経験から断言できるのは、彼らは賢いということ。黒人社会に便宜をはかってもらうため、口では白人候補を支持しておきながら、いざ投票ブースに入ったら必ず黒人に入れる。出口調査では白人に入れたと回答する。これが黒人というもの。白人と戦略的に連携をする。しかし、心の底では、感情面では絶対に同じ黒人を支持する。この要素が最後の最後で、オバマに風を吹かせるから。よく見ていてごらんなさい」

多民族都市シカゴを地盤とするシャコウスキーのライフワークは移民問題である。しかし、ティーパーティのような反移民とは正反対の立場だ。9・11テロで外国人留学生のビザの審査が厳しくなったとき、最初に怒りを表明したのも彼女だった。

この日は、グアンタナモ米軍基地に幽閉されていた釈放者の国外亡命について、フォローアップのブリーフィングを弁護士から受けたあと、さっそく「ライフワーク」に入った。「アジア系の集会」のため、朱色のチャイナドレス風の衣服に着替える。衣装棚は色とりどりのエスニックな服で埋まっている。

車で10分ほど走るとコミュニティ銀行に到着する。地下の集会場を銀行が貸し出しているのだ。シャコウスキーは長年のメインバンクのバンク・オブ・アメリカを解約してコミュニティ銀行に変えていた。バンク・オブ・アメリカはのちに金融規制改革法を受けて、デビットカードへの手数料徴収に踏み切ろうとして、ウォール街デモの一因を作っている。

銀行の入り口にインド系やパキスタン系の「エスニックメディア」の新聞が陳列されている。

銀行が特定のグループの活動を手伝うのもコミュニティのためという大義名分だ。地下のホールでは、30人ほどの南アジア系（インド系、パキスタン系）の人々が集会を開いていた。10人ほどの「Census」（国勢調査）と胸に大きくプリントされたシャツを着たボランティアが活動している。「国勢調査」をしっかり書いて、政府に送り返しましょうという注意喚起の会合である。

南アジア系移民の集会で演説をするシャコウスキー議員

「たった今、移民問題のヒーローが到着しました！」

司会者が、シャコウスキーに演説を促した。

「いいですかみなさん。『不法な移民』などいません。みんなコミュニティにウェルカムです。どうか怖がらないでください。この紙を送り返すと、誰かがノックしにやってくると思うかもしれません。しかし、これを送り返さないと逆に誰かがノックしにきてしまいます。だから、国勢調査を記入してきちんと送り返して下さい」

都市のエスニックな差異は濃い。シカゴ北部ミシガン湖畔レイクショアのエヴァンストンは、ノースウェスタン大学の学園町の印象が強いが、インド系、パキスタン系の街路に一歩入ればサリー専門店などで埋まる。議員は馴染みのインド料理屋でよく献金パーティをやる。これも大切なアウトリーチである。道一つへだてるとムスリム街で、スカーフをまいた女性の列が目立つ。

その向こうが、オーソドックスと呼ばれる正統派ユダヤ系の居住地域で、ユダヤ教の聖職者のラビの人たちが、ユダヤ教の寺院のシナゴーグ街で群れをなしている。数ブロックごとにシナゴーグがあるが、シナゴーグの前にイスラエル国旗と星条旗をバックに「アメリカはイスラエルとともにある We stand with you」の親イスラエルのコピーが躍る看板が等間隔で立つ。

シャコウスキーが育ったというつつましい民家は今でも健在だ。隣の家にはまだ人も住んでいる。ベッドルームが3部屋の小さな家で、ここから近くの小学校に徒歩で通った。当時のユダヤ系移民の家族は皆そのような暮らしだった。

リベラル/保守の分岐点、歴史と伝統を「解釈」するユダヤ系

「私たちは移民を愛しています。合法移民は愛しています」

「同化してほしいだけなのです。私たちの言葉を話してほしいのです。アメリカ人になってほしいのです」

「(不法移民の合法化で)1200万人の新しい有権者を一度に作ろうとしています。でも、彼らはこの国に繋がりもなければ、アメリカの歴史を知らないし、ほとんどの場合言葉も話せ

ないし、話そうともしません」

こう口々に訴えていたニューメキシコのティーパーティ活動家は、移民を受け入れる条件として、アメリカの「文化」への同化をあげていた。

なるほど共通言語としての英語への習熟は必要かもしれない。しかし、エスニックな文化を放棄しているグループは現代アメリカにもほとんど存在しない。とりわけユダヤ系は同化の達人かもしれない。表のアメリカ社会に自然に溶け込んでいるが、家族内でのアイデンティティは強い。同じユダヤ・キリスト教（ジュディオ＝クリスチャン）の伝統にあっても、プロテスタント教徒とユダヤ教徒の結婚は一大事で、この組み合わせのカップルは執拗な家族の抵抗にあうこともある。むしろ世俗的な日本人とのほうが、ユダヤ文化を抵抗なく受け入れてくれるぶん問題は少ないと在日経験のあるユダヤ系の友人男性は言う。

過ぎ越しの祭り（パスオーバーセイダー）に、シャコウスキー夫妻とユダヤ系の大物の家庭訪問をしたことがある。シカゴのソロー家は「プレジデント・オブ・ジュウ」で、シカゴのユダヤ人会の中での重鎮中の重鎮である。ソロー夫妻はシカゴ都心の運河沿いにそびえる瀟洒《しょうしゃ》なアパートに住む。ここにシャコウスキーは、アフガニスタン視察で手に入れた現地の民族衣装で乗り込むという奇抜な手に打って出た。単身シカゴのユダヤ系コミュニティのなかで「文明の衝突」の仲介者になろうという決意のアピールだ。

パスオーバーセイダーの夕食は1つ1つに意味がある。シャンパンから始まり、名札の席に着席して団子スープから食す。出エジプト（エクソダス）の歴史にちなんで、奴隷から自由になることのアナロジーとして色々と現代社会の問題になぞらえて問題提起し、席上の関係者がそれについて1人1人意見を言わなくてはならない。旧約聖書とタルムードの知識がいる。私もユダヤ系選挙民に対応するために、シャコウスキー事務所入りしたとき必死に勉強した。

そして、1つ1つの食事と飾り付けについて解説がホストからある。テーブルの赤いシートは紅海を象徴している。4つの質問というものを読み上げる。教科書のようなガイドブックを配布し、チャプターごとに重要箇所を音読してまわる。ユダヤ系レイバーの歴史という、貧困時代の都市労働者の権利を勝ち取った冊子も配る。

要するに、パスオーバーセイダーは、奴隷から自由になった、「出エジプトした」という歴史になぞらえ、こんにちの自由を有り難く感謝し、まだ自由とはいえない苦境にあえぐ災害の被災者や、貧困者などへ想いをはせましょうという夕食会である。後半はリベラル系的な解釈で、共和党支持右派のオーソドックスはその限りではない。アメリカの党派イデオロギーへの接続の仕方はあくまで「解釈」の世界である。

パスオーバーセイダーの食卓はさっそく政治の話になる。シャコウスキーに「オバマの医療保険改革で具体的になんのいいことがあるのか」という鋭い質問が女性から飛んだ。医師のアリが「医師協会のサイトに全部書いてあるのに読んでないのか」とすかさずやり返した。出席者の所得レベルは高いが、思想はリベラルである。イデオロギー的な左派は清貧であるべきというステレオタイプはアメリカにはない。

私は議員の隣に座ったが、右隣のデイビッドは投資銀行家で、シャコウスキー事務所の元スタッフだ。リベラル政治へのアクティブな活動家的な関心と、金儲けが自然に重なっている人が多い。フェミニストや環境保護活動家、同性愛者などの「ニューポリティクス」系の文化リベラルや、エスニックな出自が理由で民主党を支持するユダヤ系にその傾向が強く、ウォール街的な価値観とリベラル政治の友好関係が成立している。

エスニック・アイデンティティに訴えるバッジ、下左と同中はヘブライ語

ユダヤ系社会の例にみる内的分裂と多様性

ヒスパニック系が、スペイン人の直系子孫、数世代にわたる合法移民、非合法移民など、アメリカにきた時期と現在のステイタスで分裂しているように、特定のエスニックの集団の政治イデオロギーを一元的に判断することは危険である。黒人とユダヤ系、韓国系と黒人というように、エスニック集団間の分裂以上に、エ

スニック集団内の分裂にむしろ気を配る必要がある。

　とりわけユダヤ系は単一に扱われやすい好例である。しかし、イスラエルの入植拡大問題1つとっても、アメリカの立場を難しくさせているばかりか、民主党とユダヤ系の結束を割ってしまっている。

　第1に、ユダヤ系は政治的に決して一枚岩ではないことだ。ユダヤ系には右派とその他様々な系譜があり、ひとまとめに「ユダヤロビー」だけで理解しようとすることは危険ですらある。シャコウスキーはユダヤ系でありながら、AIPAC（アメリカ・イスラエル公共問題委員会）などのユダヤロビーを「右派」と称して毛嫌いしている。彼らはシャコウスキーのようなリベラル派のユダヤ系議員に電話攻勢をかけ、オバマ政権のイスラエル批判を撤回させるよう圧力をかける。シャコウスキーは「それらの圧力に屈してオバマを批判はできない」と述べる。オバマの首席補佐官からシカゴ市長に転出したラーム・エマニュエルも在職中から批判に晒され、難しい判断を迫られた。

　第2に、ユダヤ系であることとイスラエルの完全擁護は必ずしも一致しないことだ。アメリカの多くのリベラル派のユダヤ系は、イスラエルの過激な行動がほとほと手に負えないと困っているし、アメリカ国内のシオニスト派を「右翼」と呼んで蔑んでいる。ネタニヤフ政権に批判的なアメリカのユダヤ系は少なくない。イスラエルについてのアメリカユダヤ人のアンビバレントな感情は一般レベルにも渦巻いている。

2000年代後半、あるシカゴのユダヤ系中年女性がイスラエルに夫妻でツアー旅行に出た。観光ツアーに参加したので、ツアーで配布された名札のタグを首からぶらさげていた。市場を見物して歩いていたら、見知らぬ店員にいきなり首もとのタグを摑まれ、「ダウン・ウィズ・アメリカ！」と罵りながら引きちぎられる事件があった。

「タグをつけるのはいい考えではない」とたしなめるアメリカのユダヤ人は少なくない。しかし、ユダヤ系アメリカ人であることを堂々と名乗れない聖地巡礼とは皮肉以外のなにものでもない。アメリカン・ジュウに対するイスラエル人の苛立ちと、ユダヤ系のルーツに思いをはせながらも、イスラエルの過激性についていけないものを感じているアメリカのリベラル派のユダヤ人の乖離《かいり》は思いのほか大きい。

第3に、国内政治のイデオロギー的な分裂のほうが、ユダヤ系のアイデンティティを凌駕することがあることだ。例えば、リベラル派のオバマ支持は意外と強固である。リベラル派にとってオバマは「最後の賭け」であり「運命共同体」である。オバマ政権が国内政策をイスラエル支援より優先しても、文句は言わない。キリスト教原理主義の非ユダヤ系の共和党支持者のほうが、リベラル派のユダヤ系民主党支持者よりも、イスラエル重視だったりする。

また、党派的な裏切りはユダヤの同胞でも許されない。例えば、2000年の民主党副大統領候補でありながら、2008年に共和党を支持したジョセフ・リーバマン上院議員は民主党の裏切り者として民主党内では嫌悪されている。リーバマンは一般のユダヤ系やネオコンには人気があるが、民主党のリベラルなユダヤ系とは冷戦状態が続いている。

第4に、国際政治における戦略的な「国益」の解の出し方に、グループによって差異が存在することだ。ネオコンは中東全体の民主化によるイスラエルの安全保障を夢見たが、非ネオコン系はもう少し短期的で現実的なイスラエルの安全保障を考える。ある民主党リベラルホークのユダヤ系アナリストは次のようにコメントする。

「イラクとイランが勢力を均衡させて争っていることが大切だったのです。イラクはイスラエルへのイランのバルワーク（防波堤）でした。それがなくなり、かえってイスラエルを危険に晒してしまったのです。ユダヤ系だってイラク戦争を望んでいませんでした。その意味で、（シカゴ大学）ジョン・ミアシャイマー教授のユダヤロビーによる開戦誘導論には穴があります」

なるほど、イラク戦争に反対するユダヤ系勢力が民主党に割拠していて、ユダヤ系政治家の人数としては圧倒的多数である以上、ユダヤロビーがブッシュ政権に圧力をかけたという論理だけでは、イスラエルの防波堤に利用価値のあったイラクを壊滅させる説明にはならない。イスラエルをバルネラブル（無防備）な状況に追い込み、かえってイランとの軍事的緊張を高めてしまった。

オバマが2010年に、唐突に中東和平に意欲を見せたことがあった。その理由をユダヤ系の大統領周辺はこう解説する。

「1つ言えるのは、オバマはリストを明確にもっていること。そしてそのリストは、今までできなかったこと、クリントンもできなかったことに焦点を絞っている。中東和平について言えば、これまでブッシュもクリントンも、政権末期になって突然始めて失敗している。だから政権の早い段階で手をつけることにこだわったはずです」

しかも時は中間選挙前だった。ユダヤ系の票と資金に配慮を見せたことがうかがえるが、ユダヤ系のアイデンティティが一枚岩ではない以上、ユダヤ系対策の解答も1つではない。

ムスリムのティーパーティ支持者

「アメリカでは、自分の呼び方は単なる名称以上の意味をもつ。自分をなんと呼ぶかは、自分を認めさせることと同時に、社会的な種々の保障を勝ち取るための戦術にもなった」と批評家のトッド・ギトリンは述べている。

ヒスパニック系の出現は、旧来マイノリティの代名詞であった黒人の政治的な存在を相対的に薄めつつある。マイノリティのなかでも、アジア系などの少数グループの焦りもみえる。

アジア系を「モデル・マイノリティ」の美名のもとに、保護が必要ない優秀なグループとする決めつけに反発する声もあがっている。社会的に成功著しい日系や、コミュニティの相互扶助が確立している絶対人口の多い中国系の陰に隠れて、東南アジア系移民の貧困が無視されがちだからだ。貧困ライン以下の生活を強いられている東南アジア系移民は、ラオス系、カンボジア系、ベトナム系などに多い。ヒスパニック系が政治の発言権を独占し、雇用や教育で圧倒的に不利になりつつあると感じる一部のアジア系は、黒人やヒスパニック系に利益を奪われまいと、エスニック集団の政治に回帰しつつある。

かつて2003年にカリフォルニア州が、「公共教育や雇用、公的契約を結ぶさいに、州政府は個人をその人種、民族、肌の色、または国家的ルーツによって類別してはならない」と定める法案を出したことがある。マイノリティを平等に扱うための提案であったにもかかわらず、アジア系団体は反対した。法案が可決されれば、アジア系コミュニティの教育、経済、人権保護の状況を州政府も議員も把握できなくなり、結果として不利益を被るというのがアジア系の抗議の主張だった。

ヒスパニック系の増大が、各マイノリティの利益保護の観念をかえって強めている。「差別」には反対するが、表面的な平等のために実際の不利益を被るくらいならば、現実として消えはしない人種やエスニック起源の「区別」は、強調し続けてほしいという切実さがそこにはある。

経済的な利益をめぐる争いが、文化的、価値的なものに拡大したとき、アメリカ人はどのように共存していけばいいのだろうか。

２０１１年の夏、中西部でロン・ポール陣営に密着していた私は、不思議な支援者をあちこちで見かけた。スカーフを身にまとったムスリムである。共和党を応援するイスラム教徒とは、いかなる者なのか。サムラウディとマティーナ・サイアム夫妻は「ポールの主張のすべてを支持しています」と興奮して述べた。ポール陣営のボランティア用の赤と黒の「革命」Ｔシャツこそ身につけていないが、熱心な支持者だ。

ムスリムの共和党ロン・ポール支持者

「ご出身はどちらですか？」

「インドで生まれましたがアメリカで育ちました。バンガロール出身です。テキサス州の大学に行き、アイオワ州エイムズに住んでいます。イスラム教を信仰しています。アメリカは素晴らしい国です」

「ほかのティーパーティの候補、例えばミシェル・バックマンは支持しないのですか？」

「彼女は政教分離を理解していないので支持しません。神権政治です。神権政治がいいならイランに住みますよ。私はアメリカに住みたいのです。すべての人への自由がほしいから。なんの宗教を信仰していようと」

共和党でもキリスト教保守でなければそれでいいという。二大政党のアメリカにあって、どうしても相容れないユダヤ系と民主党内で共存するくらいならば、保守系のリバタリアンというほうが居心地がいいというのが、在米ムスリムの新しい潮流である。

そもそもイスラム教徒には、アラブ系のほかパキスタン系などの南アジア系もいて、ムスリムであることのアイデンティティのもち方は多様である。増加傾向にある黒人ムスリムは、後天的にアイデンティティとして選んでいる分、より理念的だ。マルコムXに心酔するアフリカ系の若者は、白人への怒りと白人の宗教であるキリスト教への対抗を意識した。白人とキリスト教という対抗軸があってはじめて浮き彫りになるカウンターのアイデンティティだからだ。

エスニシティとは自分らしさの代名詞だが、それがはたして自分で「名乗るもの」なのか、他者が「名指しするもの」なのかは微妙だ。本人が「名乗らなくても」、社会が「名指し」して「規定」すればそうなることもある。アメリカ人をめぐる定義が大きく揺さぶられている。

第3章　銃と信仰と選挙のアメリカ

「なぜあなたは、銃をもつのですか？」

2007年に写真家のカイル・カシディが出版した衝撃作『武装するアメリカ──銃所持者たちの家庭での肖像 Armed America: Portraits of Gun Owners in Their Homes』が話題を集めた。中西部から南部までアメリカ全土を車で走り抜けて、銃を保持するアメリカ人の肖像を写した作品だ。カシディ自身は銃に関心がなく、銃が身近な地域に育ったわけでもない。

2005年にパーティでたまたまカシディの隣の席に座ったのは、元大統領選挙スタッフという人物だった。この元スタッフ氏の任務は「銃愛好者の票（gun vote）」をとりまとめることだったという。カシディは「銃愛好者の票田がどの程度大きなものかは誰も想像がつかないだろう」と指摘し、2億1500万の銃がアメリカにあるというNRA（全米ライフル協会）の試算に驚いている。銃規制促進団体「ブレディ・キャンペーン」によれば、アメリカの人口の39％が銃保持者だという。

「39％だろうと50％だろうと、とんでもなく大きな数だ」。そう思ったカシディは、彼らがいったいどんな人たちで、どんな暮らしをしているのかに興味を抱く。「なぜあなたは、銃をもつのですか？」」。このシンプルな質問と2台のカメラを携えて、ジープで1万5000マイルを駆け抜けた写真の記録は鮮烈だ。

衝撃的なのは、厳選された約100家族の多くが、普通の親子だったりカップルだったりすることだ。言うまでもなく、銃社会へのイメージは悪い。日本人にとってアメリカの印象で一番悪いものかもしれない。

かくいう私もシカゴに引っ越した入居初日から、銃声の手荒な歓迎を受けたことがある。シカゴのサウスサイドは全米でも有数の治安の悪い地域である。シカゴ大学では2007年11月に大学のキャンパス前の路上でセネガルの大学院留学生が射殺されている。一向に改善しない地域の黒人ゲットーとシカゴ大学の緊張は、この事件の容疑者が16歳と17歳の少年だったことにも象徴されていた。「なぜあなたは、銃をもつのか」は、私にとっても、アメリカの文化の分裂を理解する出発点でもあった。

ハンティングの伝統と「自由」をめぐる概念

銃なしで暮らしている都市のリベラルなアメリカ人にとって、銃というのは麻薬取引者が犯罪に使用する邪悪な武器という印象が強い。概ね日本の銃への印象に近いし、シカゴのゲット

NRA（全米ライフル協会）の出店

ーでの犯罪はその一例だろう。それだけに、南部や西部の農村で、普通の温厚なアメリカ人が銃を握る生活が、いまひとつ想像がつかない。

写真集はそうした都市のリベラルなアメリカ人に、ねじれた衝撃を与えた。写真のモデルとして登場する実在の100近くの家族や個人は、ネオナチのような暴力的な犯罪者予備軍や人種差別主義者、あるいはミリシアのような武装マニアではなかったからだ。

写真のなかにはフロリダ州のとある夫婦のように、明らかにクランズマン（クー・クラックス・クラン）の白装束とわかる服を着ている例もある。しかし、銃イコール人種差別主義者と断定はできない。大半はごく普通にペットや子供と仲睦まじく写る平和な一家である。なぜこうした善良なアメリカ人が、銃にこだわるのか。その回答が実に興味深かった。

保身のためとか、武器マニアで撃つのが快感、という回答もあるにはあるが、割合は少ない。多いのは、第1にハンティング（狩り）の伝統から、周りに銃が自然にある環境で育ったという生い立ちだ。実際に狩りをするかどうかは別として、ハンティング愛好の文化が親から代々受け継がれている場合、銃は祖父や父との少年少女時代の思い出と重なるようで、どんなにリベラルな人でもみずからそれを放棄することは家族の歴史を自己否定するような気になるらしい。

オレゴン州のリチャードは「ボーイスカウトでライフルを撃って以来銃を愛好している」とコメントしている。野外活動やサバイバルの一環で、ボーイスカウトで銃に親しむ青少年も少なくない。

そして第2に、「自由」や「権利」と銃が繋がっているという回答だ。「自由」の概念はあまりにアメリカの歴史と一体化した「文化」である。これを剥奪することは容易でない。アメリカ人にとって「侍の刀のようなものだ」と言うのは、ワシントン州の警官の男性だが、この比喩が適切かはともかく、単なる武器ではなく精神的な思いを込めていることは事実だ。

根底にあるのは自由への飽くなき愛情と、自由を奪われることへの極度の恐怖心である。廊下に黒いライフルを並べるミシシッピ州の男性は次のようにコメントする。

「火器を保持しているのは、自由を愛しているからです。私はファシスト的な警察国家の政府というリアルな脅威から自由を守っています。アメリカを侵略してきたこともない外国からの脅威というおとぎ話から守るためのものではないです。もし自由のために戦うのであれば、足下から始めないといけません」

アリゾナ州の男性も「私が銃をもつのは、市民が武装することは圧政に抗する最良の防衛だからです」と述べる。「銃保持は民主主義の苗床です」と言うのはオレゴン州のザックである。テキサス州のウェイリーは「私は愛国者です。私はすべての愛国的アメリカ人は250ヤード先の人間サイズの標的を撃てることが義務だと考えています」とまで言う。白人だけではない。ペンシルバニア州の黒人のスタンは「銃保持は権利であり特権です。すべての人が行使すべきです。すべての人が銃をもつべきだと思います」と述べる。

まるでタイムスリップして、独立戦争時代のアメリカ人を現代に連れてきたような物言いを異口同音にする。ジョージア州のアシュリーは「アメリカ合衆国の市民の権利として銃を保持しているが、これを当たり前のことだと思わないようにしている」と説く。自由への渇望とそれを実現する手段として銃が歴史的に深く関与してきたことがリンクしている。そして銃を放棄することは、彼らにとって事実上の「武装解除」であり、根本的な権利を奪われ、精神的に去勢されるに近い問題なのだ。

写真集に描かれた世界は、あまりに都市部のアメリカ人とかけ離れていた。しかし、写真集を見た彼らの少なからずは意外な反応を示した。偏狭で暴力的な武器マニアと思っていた田舎のアメリカ人たちが、理念的な理由で銃を保持していることに感心したのだ。銃が武器である以上に「文化」だったからであり、それもアメリカを体現した「文化」だと知ったことで、都市部のリベラルなアメリカ人が、保守的な理念に触れてアメリカ再発見をした。書評サイトには好意的なレビューが並ぶ。

２０１１年1月、アリゾナ州ツーソンでガブリエル・ギフォード連邦下院議員が狙撃され、議員は一命をとりとめたものの6人が亡くなる事件があった。しかし、それでもオバマ政権は銃規制には及び腰だった。銃を否定することは、アメリカの文化のあり方を問い直す歴史的なパラダイムの転換作業であり、この問題に手を入れることは相当に難しい。「自由」と「権利」が相手だけに、巨大なレトリックによる理念的な転換と歴史の読み替えに踏み込まない限り、「安全」の強調では歯が立たないのだ。

思想を代弁する結社＝ストローポールという祭典

アメリカでは「文化」「思想」の数だけグループが生まれてしまう。それをすべて政党化すれば、環境保護政党や憲法党のようなものになるが、多くの場合、シングルイシュー（単一争点）だけを掲げる政党はアメリカでは力をもち得ない。民主／共和の2つの政党のなかで、様々な思想と争点を代弁するグループが、政党に主張をのませようとする。

結果としてアメリカでは、政治現場で共和／民主の2つの政党間の調整とともに、党の内部調整をめぐる争いが絶えない。

アイデンティティを独自の主張におきたいとき（対話の相手との差異の強調）には「フェミニスト」「銃賛成」「福音派キリスト教徒」などを主張し、アイデンティティを支持政党、例えば「共和党支持ではない」等におきたいときは（対話の相手との共通性を強調）、「デモクラット」であることを主張するという「使い分け」をする。両者は必ずしも同一ではないからだ。

例えば、カトリック教徒は公民権など人権や貧困問題では民主党寄りだが、同性愛や人工妊娠中絶などの社会争点では共和党寄りだ。イスラム教徒なども同様である。そこで求められるのが、政党として1つの声を世のなかに発していく政党単位の行為ではなく、政党という大きな家（ビッグテントという言い方をする）のなかで、さまざまなグループが声を発する「空間」の確保である。

アメリカは選挙デモクラシーの国だ。4年に1回の大統領選挙の日には、連邦上院選、下院選、知事選、地方選挙などが同時に行われる。この選挙過程が、文化が異なるグループが声をあげる「空間」そのものになっている。選挙は自己主張の場である。

例えば大統領選挙の予備選プロセスには、共和党のストローポールという行事がある。ストローとは藁のことで模擬投票と訳されることが多い。正式な予備選ではなく、あくまで模擬的な投票である。大統領選挙の前の年にアイオワ州やネバダ州などで行われる。

ストローポールは非公式の党内世論調査の意味合いもあるので、2011年のアイオワでのストローポールの直後に元ミネソタ州知事のティム・ポーレンティが選挙戦離脱を決めたように、候補者の進退に影響を与えることもある。しかし、本番の選挙とは無関係だ。政党内で内輪の人気投票などやってなんになるのだという批判の声もある。

それでもこの手の「行事」がアメリカの政治プロセスから消えないのは、投票や候補者の勝敗、もっと言えば選挙以外の目的をもった公共的な場の形成に目的があるからだ。ストローポールの目玉は、投票ではない。投票だけをして帰宅する人はまずいない。政党が自分の政党内に存在しているさまざまな結社に、アドボカシー（政治的発言）の機会を存分に与えるという「政治の祭典」である。

「人気投票」付きのカーニバル式州党大会の裏の目的

模擬投票は長い列に並んで投票ブースで候補者一覧のなかから誰かを選んで、投票するという単純な作業で終わる。私も２０１１年8月のストローポールでは、共和党のアイオワ州委員の投票に投票ブースのなかまで同行させてもらったが、並び始めてから終了までしめて30分といったところだった。候補者の名前をマークシートで塗りつぶす。一番下に空欄があり、そこに立候補していない人物の名前を書いてもよい。出馬を促す嘆願書としての意味合いもあるのだ。実際、２０１１年には立候補前だったテキサス州知事のリック・ペリーに票が入った。

ストローポール投票用紙(左)と投票所(右)、アイオワ州エイムズ(2011年8月)

この模擬投票を行ってからが、ストローポールの本番である。参加者は敷地内に立ち並ぶテントやブースを1つ1つまわるのである。ストローポールは「州」「候補者」「利益団体」の3つのレベルでそれぞれ違う目的がある。

第1に、州レベルでの目的は、共和党の巨大な献金パーティのピクニックとしての機能である。ストローポールのチケット購入費が、党の州中央委員会に入るからだ。2011年のストローポールでは「2012年のための20ドル12セント／オバマを倒せ！」と書かれた赤いTシャツを着た青年部のボランティアがブースでチケットを販売していた。

第2に、ストローポールの候補者レベルでの目的は、翌年の大統領選挙に向けた大きなキャンペーンの機会が与えられることである。候補者は会場内に博覧会のパビリオンのようなテントを建設する。このテント形式の出店が可能かどうか、そもそも出すか出さないかの判断が、アイオワをどう考えているか、さらにキャンペーンの財政的、組織的な現状をそのまま表す。

ミット・ロムニーはテントを出せる財政力があるが、2011年はあえて出さずにストローポールそのものに参加しない戦術をとった。元マサチューセッツ州知事のロムニーは、投資会社を共同設立するなど実業家として成功して富を築いた人物だ。マサチューセッツ州知事としては、2006年に健康皆保険を導入するなど共和党内では穏健派である。ただ、モルモン教徒（末日聖徒イエス・キリスト教会）であり宗教については保守的でもある。穏健な政治的立場のロムニーは、共和党支持層が保守的なアイオワ州では苦戦していて、2008年大統領選挙では、宗教保守に基盤をもつマイケル・ハッカビー元アーカンソー州知事に敗北している。

だが、予備選前に存在を目立たせないことで早期に芽を摘まれるバッシングを避けて上手に2012年1月3日の党員集会で安定した票を集めた。しかしロムニーがこの戦術がとれたのは2度目の出馬で既に一定の組織があったからだ。

ギングリッチ元下院議長もテントを出さなかった。テントを出したかっただろうが、それだけの資金と組織を2011年夏の時点でもち合わせていなかったからだ。しかし、忠誠心の高い年配の共和党支持者のあいだでは根強い人気がある。

さて、テントで行うのはまず有権者名簿の獲得だ。これがアイオワ党員集会に向けた草の根の組織作りの基礎になる。参加者にレジストレーションと呼ばれる登録をしてもらうのだ。潜在的支持者の名簿作成を早めにしておくことで、個人情報を集めて翌年のアイオワ党員集会におけるアウトリーチ競争を有利に展開できる。争点ごとのアンケートなど世論調査をとることで、候補者の政策綱領や街ごとの演説の内容、演説場所や重点ポイントの決定などにも活かせる。

20ドル12セントの「オバマを倒せ！」Tシャツを着ているストローポールの受付の共和党青年部スタッフ

そのために陣営は候補者を支持していない人も含めてなるべく多くの有権者を自分のテントに集めなければならない。そのための工夫に各陣営はしのぎを削る。候補者テントでは、無料のランチやおやつを出すのが習わしだ。そして、名前とコンタクト先を書いてもらい、お土産の入ったバッグを引き換えに渡す。2011年はリック・サントラム元上院議員のテントがハンバーガーを、またゴッドファザーピザのCEOだったハーマン・ケインのテントが、ピザを振る舞って好評だった。

候補者のメッセージ伝達も重要な目的だ。ストローポールには、メディア、ブロガーが全米から集まる。ここで演説すれば全米に報道され、ネットに情報がアップされる。情報戦を有利に展開するには、ストローポールの1日でどれだけ目立つかが重要だ。

模擬投票の集計結果が出る夕方、プレスセンター前の演台で正式な演説の機会がある。しかし、より重要なのは各候補のテントで行う「決起集会」式の演説である。ここには候補者に必ずしも賛同していない、共和党内各派の有権者が集う。宗教右派の候補者のテントには、リバタリアンが集い「政教分離を！」とヤジを飛ばす。ティーパーティ系の候補者のテントには、違う候補のファンが詰めかけここでも質問を投げかける。

プレスセンターで行う演説がアメリカ全体向けの公式スピーチなら、テントで飛び交うハンドマイク片手に行う「タウンホールミーティング」形式の演説会は、保守同士のぶつかり合いだ。ここで違う流派の有権者を説得できないようでは、翌年の大統領選挙に勝ち残れない。

さらに大切なのが陣営の結束をかためるイベントとしての意味だ。２０１１年ストローポールはアイオワ州の州都デモインから車で1時間弱ほど北上したエイムズというアイオワ州立大学のある街で開催された。アイオワ州全土から、日帰りか1泊ツアーで、各陣営のほか利益団体などが、陣営や利益団体の宣伝と結束のために観光バスをチャーターして有権者を乗せ、つめかける。

もちろん有権者は自分の車でエイムズまで乗り入れてもいいし、じっさいそうする人もいる。州の共和党員にとっては自己主張ができるお祭りであり、「バイカー」と呼ばれる保守的なオートバイ野郎のグループは、州内の各地から黒い革ジャン姿にハーレーダビッドソンを連ねて

政教分離を主張するデモ(左)と反戦を訴えるロン・ポール支持者(右)

やってくる。党イベントは4年に1度の同窓会なのだ。

候補者が提供するバスは、各都市を早朝に出発する。アイオワシティにいた私も共和党員たちに「どの候補のバスに乗るの?」と数日前から勧誘合戦にあった。バスツアーは支援者やボランティアにとっては夏合宿であり、ストローポールを終えて帰路につくさいに感極まって泣き出す者もいる。

そして第3にストローポールの利益団体や思想レベルでの目的だ。この比重が意外に大きい。州の共和党員が一堂に会する祭典は、政治思想を主張するアドボカシーの絶好の場だからだ。模擬投票の会場入り口付近には、利益団体や思想団体、宗教団体の一群が、PRのために待ち構えている。

中絶反対派のプロライフ団体は、サンドイッチマンのように身体《からだ》に「わたしもにんげんです I am a person」と書かれた胎児の巨大写真をぶらさげ、ハガキサイズのカードも配布していた。見慣れている写真ではないだけに、いささかショッキングで休日のピクニック気分を吹き飛ばされる。彼ら教会や利益団体にとっては、メンバー数を増やす機会なのである。NRA（全米ライフル協会）は、テントに立ち寄り入会するとオレンジの帽子をお土産にもらえるというキャンペーンを行った。

出店には子供がオレンジの帽子欲しさに父親と並んでいる。あっというまにストローポールの会場は、「NRA」のロゴがプリントされたオレンジ色の帽子を被った親子連れなどで埋め尽くされた。利益団体の実勢は、強く思想に共鳴して活動しているアクティブなメンバーと、頭数だけの幽霊メンバー層の水増し分を分けて考える必要があることを示す好例だろう。

また、候補者以外の共和党の政治指導者や著名人も存在感を示すために乱入する。2012年には出馬していない、テレビ司会者に転身したハッカビーは、自分の番組のブースを出店して視聴率アップの宣伝に忙しい。宗教右派のボランティアが熱心に働いていた。

地域色のある産業団体も目立つ。エネルギー産業のテントでは、バイオエタノール燃料のPRを展開した。代替エネルギーは民主党やリベラル派好みのアジェンダのように思われるが、全米有数のとうもろこしの生産量を誇る農業州では、とうもろこしを用いたバイオエタノール燃料の振興は、クリーンエネルギーというより農村の経済活性化と繋がる共和党の主軸政策である。同じ共和党でも石油が出る州とそうでない州では、エネルギーをめぐる利害が違う。

公立学校で行われる政党の選挙イベント――コミュニティの活動として

政党の結社的な活動は、コミュニティと一体化している。日本では想像できないことだが、候補者をゲストとした党の献金ピクニックが、地元の公立高校の体育館で堂々と行われることがある。公立学校が党の献金イベントに場所を提供するのは、アメリカでは政治イベントが「コミュニティのイベント」であるという意識で運営されていることを示している。

党派を越えて地域の公共施設がそのヘルプをする。公的機関は政党と距離をおくのではなく、公的機関でこそ政治的なイベントが営まれる。アメリカでは非効率で客観性に問題があっても、中央政府の選挙管理部門ではなく、地域のボランティアが選挙当日の投票所の管理と集計を行うが、ミスがあっても、地域が自主的に運営する価値が大切にされる。選挙は国が運営するものではないという建前がある。選挙の方法も選挙人の選抜の仕方も州に委ねられている。

地域には民主党支持者もいるだろうに、ＰＴＡも学校も共和党の集会に講堂を使わせることに文句を一切言わない。お互い様だからだ。民主党が学校を使う場合があれば、共和党支持者も文句は言わない。

政治家をゲストに招くイベントにはいくつかの共通性と差異がある。

共通しているのは、入場が有料チケット制にされていることだ。必ずといってよいほど献金パーティの形式をとっている。しかし額は小額で5ドル程度のものからある。金額的には日本と違って敷居が低い。主催者は郡の党委員やその連合体のこともあれば、特定の地方議員個人のこともある。

党委員の婦人部が中心になってガスコンロをもち込んで、夕食をまず振る舞う。サラダ、ポテト、肉、インゲン豆、コーラ、水など、いつも似通っていて薄味だが、日本の自民党にみられる伝統的な選挙の婦人部の炊き出しに雰囲気が似ている。

アメリカの民主党の都市部の選挙の場合、こうしたピクニック形式のイベントを開催することが難しく、レストランを貸し切ることで乗り切る。国政報告のタウンホールミーティングでは、議員を糾弾するぴりぴりした討論の場にもなるので、食事も出さない。それに比べて中西部や南部のイベントというのは、概ねのんびりしたピクニック風が多い。

自由着席式の場合もあれば、席指定の場合もある。家族や近所で誘い合わせの上という感じで大挙して押し寄せてとにかくよく食べる。ほどよいところで司会者（主催者の党委員や地方議員）が、マイクを握る。通常の政治的な集会では、必ずここでナショナルアンセム（国歌）の斉唱とプレッジ・オブ・アリージャンスが行われる。右手を胸にあてて国旗に向かって忠誠を誓う「ワンネーション・アンダー・ゴッド」と唱える、アメリカの学校で子供達が必ず唱和するあれである。

これらの斉唱は、民主党のイベントでは希《まれ》だ。ニューヨークでもシカゴでも、私が過去に携わった政治イベントや献金パーティでは、誓いの唱和やアメリカ国歌を暗記できていないことで恥をかいたことは一度もなかった。共和党のイベントに参加して、初めて私は唱和できないことで居心地の悪さを感じた。愛国心をめぐる考え方に差異があるが、共和党の場合、政教分離は建前だと考えているし、敬虔なクリスチャンの割合が高いので疑問をもたれない。

テントで食事を振る舞う。前座に歌手を招くこともある

会合が進むと順に来賓を紹介していく。そして、最終的に本日の主賓である候補者や大物政治家の演説となる。その頃までに食事は終えているのが暗黙のルールで、大物の演説を食べながら聞くのはマナー違反である。

さて、違いのほうだが、これはメディア取材を入れる場合とそうでない場合に顕著に表れる。メディアを入れる場合、主催しているカウンティの委員の誰かが、即席の報道担当になる。報道担当といっても普通の主婦である。円卓の1つをプレス席にして、そこに記者やブロガーに座ってもらう。

メディアは注文がうるさい。やれコードが足りない、コンセントがほしい、PCのWi-Fiはないのかと求める（田舎の高校の体育館にWi-Fiなど入っていない）。それを文句言わずに、1つ1つこなす主婦報道官の仕事ぶりは落ちついているが、アマチュアなので感情がすべてを支配する。嫌われれば席を与えてもらえないし、気に入られれば、候補者の入りのタイミングや出入り口をそっと教えてくれ、無言で単独ぶら下がりのチャンスを与えてくれる。手作りの市民イベントの取材にプレス向けの公正さはない。

ところで、驚かされるのは記者やカメラマンが起立して、唱和や国歌斉唱に応じることだ。私の右横にいた『デモインレジスター』の有名コラムニストも周囲に倣っていた。現場の取材対象へのリスペクトもあるが、アメリカのジャーナリストの態度として興味深い。セレモニーが始まると必ず立ち上がるし、歌うし、写真撮影もやめてしまう。メディアが共催しているイベントでは、特定の宗教色や愛国的儀式は共和党といえども簡素化されるが、地元主催だと彼らのルールに従う。

ギングリッチ元下院議長、アイオワの農村を行く

興味深いのは、メディア取材を入れない場合だ。完全内輪の食事会では、候補者も安心して口が滑る。政治家は聴衆を見分けて話術を変える才能に長けていないといけない。

2011年8月、アイオワ州全土を行脚していたギングリッチ元下院議長を招待して、牧場

でピクニックをするので来ないかと誘いを受けた。知人の共和党関係者が内輪で主催するという。メディア取材も現れないようなとんでもない田舎町で行われた。

アイオワシティから車で1時間。行きしなに、近くのアーミッシュの村に住む別の友人を拾っていく。村はアーミッシュの女性が、農作業用の暴れ牛の角で刺されて亡くなったという事件の話題でもちきりであり（村でも希にしかない残酷な事件）、友人はそのアーミッシュの隣人の葬儀に出たばかりで沈痛な面持ちだった。

アーミッシュとはアナバプティスト系のプロテスタントで、電気や自動車の使用を拒否して、オハイオ、アイオワ、ペンシルバニアなど一部の州の集落で生活している。勤勉な農家が多く、近年では一般の非アーミッシュ農家との交流も広がり、トラクターを借りて耕作するアーミッシュも増えてきた。彼らは保守的で共和党にシンパシーを抱くが、投票は滅多にしない。

そのアーミッシュ村に近い田舎町に元下院議長が夫人同伴でやってきた。私は民主党の選挙イベントでメディアが入らない献金パーティを運営した経験はあったが、運営者でも取材者でもなく、1人の参加者として、内輪のパーティに入ったのは初めてだった。数日前にメディア取材入りの学校のイベントで私と立ち話をしたばかりの元下院議長は、まったく同じブルーのチェックのシャツで護衛なしにふらっと登場し、食事を配膳している参加者と談笑した。

「オバマの登場によって、カーターの史上最低の大統領記録が更新されました！」

ギングリッチの口はメディアがいないところではとりわけ緩む。彼の民主党やオバマ批判はどこでも受ける。年配の女性が「イスラエルについての態度」を訊ねたが、これについて「大切な国である」との立場を強調した。キリスト教徒にとってイスラエルへの姿勢は重要なリトマス試験紙だ。

スピーチが終わると小規模イベントの場合、候補者とのフォトセッションがある。2ショットあるいは、候補者の夫人を入れての写真を委員が撮ってくれ、あとで送ってくれる。チケット購入のサービスである。ギングリッチもこの小規模イベントで30分ほど撮影に応じた。主催者の地方議員を困らせたのは、聴衆がシャイなのか、写真撮影の列がすぐに途切れてしまったことだ。ギングリッチをがっかりさせたくないと、手伝いをしている息子を会場に走らせ、雑談したり帰ろうとしてるカップルを連れてきては、無理矢理写真を撮らせる。

この手のイベントでは、候補者が先に帰るか、候補者がまだいるのに聴衆が続々と帰りだすかが、候補者の支持率をはかる1つのテストになる。2011年末に向けて世論調査のポイントを上昇させたギングリッチも、残念ながら同年8月の段階では、まだ本人が写真に応じている最中に参加者が帰り始め、候補者の帰途時には会場には空席が目立った。参加者は共和党支持ではあるが、必ずしもギングリッチ支持ではなかったからだ。

会場が空になると委員たちが炊事道具をピックアップトラックに運んで片付け作業をする。

筆者のインタビューを受けるギングリッチ元下院議長近影

テーブルをふいて、公民館なり学校なり、もとの状態に戻して戸締まりをして帰る。そして興味深いのは、必ず内輪の打ち上げの会があることだ。これは民主党にも共通している慣行だ。アイオワシティと隣接したコーラルビルの共和党は、街の中心部にあるアイリッシュバーを「たまり場」にしていて、イベントを終えるとそこに三々五々再集合し、ビールとピザで議論する。ティーパーティ派と共和党穏健派の口喧嘩の場でもある。話の大半は政治だが、地域の寄り合いであり、コミュニティのサークル活動である。

　ところで、共和党の支持者は高齢化が著しい。参加した共和党のローカルのイベントは、どこも高齢者しかいなかった。若者は親に連れてこられている家族連ればかり。若者だけの参加はほとんど見当たらない。これは２００８年９月に出席したミネソタの共和党全国大会でも感じたことだ。共和党は高齢者政党と化していくのかが焦眉の問題だ。それだけに数少ない青年部の若者は共和党の地方委員会ではちやほやされるし、政治教育のためのインフラストラクチャーも共和党のほうが充実している。

　若者の支持者が中心のロン・ポール運動は共和党の若年層開拓に

とって福音であるが、他方で「共和党的な運動ではない」として伝統的な共和党関係者に嫌悪感を抱かせている。ポール派の運動を嫌うのは、反共和党エスタブリッシュメントのレトリックに加えて、運動のスタイルや支持者層がきわめて「リベラル」に見えることも関係している。「革命（Revolution）」と銘打った2012年のポール陣営は若年層の動員を基盤にしており、見た目には2008年のオバマ陣営の熱気を彷彿とさせる。アイオワ東部でのFacebookを用いた集票でアイオワ大学の若年票のとりまとめなどで活躍したポール陣営のトラビス・ヘフリンも2008年はオバマに投票した若者の1人だった。

ところで共和党の田舎のイベントに参加すれば一目瞭然であるが、地方レベルでは共和党は必ずしも「金持ち」の政党ではない。もちろん、極貧のアンダークラスは少ないので、平均所得は民主党支持者よりは高い。しかし、彼らが強欲なリッチマンかというとそうでもない。特徴的なのは農家の多さであり、大半が自営業者である。ハイテク企業や金融業界で高所得を得ている人は、民主党支持者のほうに多い。

そして強調しておかねばならないのは、偶像化されたレーガン神話の驚異的な根強さだ。共和党の分裂を繋ぎとめる接着剤として「合衆国憲法」が指摘される。しかし、憲法理解は知的レベルに左右される。理念としての憲法の重要性は認めながらも、細かい議論についていけない市民もいる。その点、レーガンの物語は、わかりやすい接着剤となる。これだけはどの陣営も一致する。アイオワ州の各地の集会ではレーガンの写真を演台に貼り付けていたが、まさにレーガン信仰の集会の様相を呈していた。

政府と宗教の関係に対する立場をめぐる分裂

近年の共和党とキリスト教右派の結びつきは深い。かつてニクソンの選挙戦略担当として、人種問題に敏感だった南部の民主党白人層に手を伸ばして共和党支持に鞍替えさせた『南部戦略」を演出したケヴィン・フィリップスは、ジョージ・W・ブッシュ政権の共和党を歴史上最初のアメリカの宗教政党だとして「神権政治」と呼んだ。

一方の民主党は、1970年代以降の主要な利益団体や支持層からキリスト教信仰と距離を置くことを迫られた。同性愛者グループとフェミニズムで台頭した女性団体だ。彼らが重視する「単一争点」である人工妊娠中絶や同性婚が、キリスト教信仰と抵触した。民主党は世俗派が主流となり、宗教そのものが片隅に追いやられてきた。信仰という文化をめぐる分裂は根が深い。

演台にはいつもレーガン元大統領

宗派を越えた新たな潮流としてあらわれている

のが、「信仰心ギャップ」という信仰心による二層化だ。教会での礼拝など宗教的行事を習慣としている層と、名目上宗教に属していても教会に熱心に通うほどではない層の分裂が、プロテスタント、カトリック、ユダヤ教、イスラム教徒という宗教や宗派別の区分よりも顕著なギャップとして表面化している。

批評家のE・J・ディオンヌ2世は「宗派間の分裂は、保守的なカトリック、プロテスタント、ユダヤ教徒とリベラルなカトリック、プロテスタント、ユダヤ教徒の同盟の分裂に置き換えられようとしている」と述べている。

背景にあるのは、政府と宗教の関係に対する立場をめぐる分裂だ。

一方で、政治と社会に対して宗教に基づく価値観を反映させようとするグループがいる。宗教から導きだされる最良と信じる価値観を政府に政策として採用させることを目的としている彼らにとって、宗教的道徳価値こそがアメリカを国として1つにまとめる鍵だ。法学者のノア・フェルドマンは彼らを「価値福音派（values evangelicals）」と分類している。該当するアメリカ人は必ずしもボーンアゲインの福音派ではなく、ユダヤ教徒、カトリック教徒、イスラム教徒なども横断的に含まれるという。

他方で存在するのが、宗教を個人的な信仰の営みだとして政府との関係を否定するグループで「世俗派」と呼ばれる。政府と法が宗教的な価値から独立して世俗的であるべきだとする政教観だ。宗教を政府にもち込むことは、アメリカを分断させると考える。多数派の宗教を政府が採用すれば、少数派や宗教心の薄い層が排除されるからだ。公共における法の独立性を特定の宗教的な価値観から守る意味で、フェルドマンは彼らを「法治世俗派（legal secularists）」と名付けている。

キリスト教右派の政治参加

アメリカの政治的な結社や運動は振り子のように反動的に動く。選挙と宗教が関係を深めたきっかけは、1970年代後半から1980年代前半に力を増した福音派原理主義者の政治関与だったが、ヴェトナム反戦運動、フェミニズム運動、同性愛運動などによる対抗文化がアメリカをリベラルに改造してしまうことへの反発があった。キリスト教原理主義者は、本来は政治には無関心である。彼らが政治にかかわろうとするのは、キリスト教と反対の文化がアメリカに蔓延《はびこ》ろうとするときだ。

ジェリー・ファルウェルという牧師を看板に1979年に誕生したのは、「モラルマジョリティ」という組織だった。1970年代後半の連邦通信委員会の規制緩和とケーブルテレビの普及で、放送による宗教活動が容易となり、テレビでの伝道番組が乱立し、彼らは「テレバンジェリスト」と呼ばれるようになった。人工妊娠中絶や同性愛への反対、家族の価値、ポルノなどメディア表現の規制などを主なテーマに、1980年までに700万世帯に会員を広げ、850万票を動かす巨大組織になった。

また、パット・ロバートソン率いる「クリスチャン・コアリション」は、1989年の設立からわずか数年で1994年の中間選挙で共和党大勝に大きく貢献するまでに成長した。陰の立役者は、ラルフ・リードという若い戦略家だった。政治ジャーナリストのジェイムズ・ムーアとウェイン・スレーターはこう描写する。

「リードはほかの数少ない政治世界の人材と同様、アメリカを分裂させる文化戦争の利用方法を知っていた。保守的福音派は絶対という概念に引き寄せられることを理解していた。我々につくかそれとも歯向かうか。あらゆる局面で判断は明快であり、世俗派か深い信仰か、善か悪か、信仰か懐疑か、どちらかしかない」

善か悪か。敵か味方か。白黒二分法のレトリックを踏襲したジョージ・W・ブッシュ政権は、同性愛問題など単一争点で攻める戦法を利用した。2004年大統領選挙では、当時民主党上院院内総務だったトム・ダッシェルの追い落とし攻勢に莫大な資金を投入した。ダッシェルが同性結婚を支持しているかのようなイメージを植え付けるスポットCMとロボコール（自動音声電話）をサウス・ダコタ州で繰り返し流した。

2000年代のアメリカのリベラル系の政治論壇では、過激な戦術でアメリカの分裂も厭わ

プロライフ（中絶反対）の出店（左）と「信仰と家族連合」の看板（右）

ないブッシュ政権の駆動力としてキリスト教福音派がおどろおどろしく語られた。またそれに影響を受けた諸外国のメディアによる、南部のメガチャーチ（礼拝に集う信者がコンサートに参加しているような一体感を味わえる巨大教会）で陶酔する人たちが典型的なアメリカ人であるかのような報道も少なからず蔓延した。しかしながら、福音派といっても実相は多様である。神戸女学院大学の森孝一（元同志社大学一神教学際研究センター長）が指摘するようにアメリカでは教派のなかに様々な「サブ・チャーチ」、それらを横断するかたちで「パラ・チャーチ」がある。宗教右派とは「パラ・チャーチ」としての存在である（森孝一「宗教と社会―なぜアメリカはかくも宗教的なのか？」久保文明編『超大国アメリカの素顔』）。福音派の説教の内容は必ずしも政治色の強いものばかりというわけではない。

また、桜美林大学の上坂昇教授が指摘するように、アメリアのメディアも保守的な信仰者を細かく定義せずに使用していたことから、エヴァンジェリカルのすべてが宗教右派で終末論を信じているかのような誤解が拡散した（上坂昇『神の国アメリカの論理――宗教右派によるイスラエル支援、中絶・同性結婚の否認』）。

子供を夏のキャンプに連れて行き、そこで神との対話を歌や踊りで表現するキリスト教教育の様子を密着して描いたドキュメンタリー『ジーザス・キャンプ』（２００６年）も、キリスト教国であるアメリカのなかで、子供を信仰に巻き込むプロセスの是非論としては秀作だったが、アメリカのキリスト教の信仰がなにか狂気めいたものとして誤解されるリスクをはらんでいたという意味で、比較的世俗的な日本人が予備知識なしに鑑賞するにはミスリーディングな要素があった。

カトリック教徒と「思いやりのある保守主義」

福音派プロテスタントをめぐる言説の陰に霞みがちだが、アメリカの信仰と政治の関係を理解する上で欠かせないグループがカトリック教徒である。

カトリックはアイルランド系、イタリア系などの非主流の白人移民のことだったが、近年ではヒスパニック系がそれにとってかわりつつある。プロテスタントに比べるとカトリックは、有権者人口では全体の４分の１にとどまるが、共和党、民主党の双方で拮抗したときに勝敗を左右する重要性がある。カトリック教徒は慈善活動など公共的な社会参加を是とする信者が大

政権交代を訴える共和党ステッカー（左）、コーヒー豆による人気投票（右）

多数で、政治関心が他集団と比較して格段に高い。

カトリック教会の政治的な関心は大きくわけて2つある。1つは「生命倫理争点」と呼ばれる人工妊娠中絶と幹細胞研究などであり、もう1つは「社会正義争点」と呼ばれる貧困や戦争での非戦闘員の巻き添え、さらに死刑問題である。1つ目への偏りが強いほど共和党支持で、後者への偏りが強いほど民主党支持となる。

社会正義争点では、マイノリティの立場を尊重したリベラルな政策を支持するのに、道徳問題では穏健なプロテスタント以上に極端に保守的である。保守的なカトリック教徒は、人工妊娠中絶と同性愛結婚に敏感に反応する。中絶の権利を支持する宗教的にリベラルなカトリックの民主党候補は、正統なカトリック教徒と見なされず、2004年の大統領選挙では保守的なカトリック教徒がジョン・ケリー候補への投票をボイコットした。

2000年代のW・ブッシュ政権は、民主党からカトリック票を奪い取ることに熱心だった。「カトリック・チーム・リーダー・アウトリーチ」というプログラムを立ち上げたブッシュ大統領は、恵まれない立場の人びとへの思いやりのあるアメリカ創造を呼びかけた。ブッシュの「思いやりのある保守主義」という題目は、共和党内の穏健派対策でもあったが、貧困問題に熱心なカトリック教徒の取り込みを意識して打ち出されたものだったことはあまり知られていない。

ブッシュはカトリック指導者との週に1度の電話会議を自らのチームに組織させた。また、保守系カトリック雑誌『クライシス』の発行人で南部バプティスト教徒からカトリック教徒に改宗したという変わり種のディール・ハドソンを重用して、カトリック対策にあたらせた。

テキサス出身の福音派を中心としていたそれまでのブッシュのホワイトハウスは、カトリック教徒に語るうえで好まれる「言語」がプロテスタント向けのものと異なることに無知だった。当時ブッシュのスピーチライターを務めていたのは福音派のマイケル・ガーソンだったが、ガーソンの初稿にハドソンが筆を入れて完成原稿を作り上げるようになった。

「道徳の衰退」を「社会的刷新」にするなどカトリック教徒向けの表現への置き換えをした。「生命の文化」というヨハネ・パウロ2世が好んだ言葉は、人工妊娠中絶反対をカトリック教徒向けにアピールするときのブッシュの常套句となった。

ハドソンとガーソンは、宗教レトリックを政治スピーチに盛り込むため、(1)悲しみや苦しみへの慰め、(2) 信仰がアメリカに与えている歴史的影響、(3) 貧困解決への信仰の力、(4) 賛美歌や聖書の引用、(5) 神の摂理への言及、などを巧みに用いた。「悲しみや苦しみへの慰め」はテロや戦争、自然災害などの大統領の国民向け第一声に効果的で、「信仰がアメリカに与えている歴史的影響」や「貧困解決への信仰の力」はマイノリティとの断絶を修復するさいにも役立った。「賛美歌や聖書の引用」や「神の摂理への言及」は象徴性を高めるために使われた。

ブッシュ大統領の顧問とコミュニティ・オーガナイズの不思議な繋がり

そのブッシュ政権の大統領顧問だったカール・ローブの自伝『Courage and Consequence: My Life as a Conservative in the Fight』が、２０１０年3月に出版された。

本書においてローブは徹底してブッシュの「再ブランディング」を試みている。「戦時大統領」として対テロ戦争とイラク戦争という、「ネオコン政権」イメージに塗り固められたブッシュのレガシーを「正しい」方向に修正させる仕事である。戦争に関する頁を最小限にとどめ、「思いやりのある保守主義」こそが、ブッシュの本来の政治姿勢であり、ブッシュが共和党内でむしろ穏健派とされてきた歴史を掘り返している。

「思いやりのある保守主義」を志向していたことも、マイノリティに目を向けた集票活動を行ったのもすべて事実ではあるが、「ネオコンに牛耳られた戦時大統領」「福音派を焚き付けたキリスト教右派大統領」というイメージを「思いやりのある保守主義」「スペイン語が片言話せる、マイノリティの隣人」のイメージに再度色を染め直すのは、歴史の過度な書き換えになる懸念もある。

若き日のローブは、共和党学生の連盟であるカレッジ・リパブリカンのリーダーとして大学時代に政治的な活動を始めた。1970年にラルフ・スミス上院議員の選挙キャンペーンで学生票をとりまとめる役割を果たす。

そのローブが組織作りや動員の基礎として参考にしていたのが、ソウル・アリンスキーという人物の著作だった。共和党学生委員会にとってのテキストはアリンスキーの『ラディカル達のための法則（Rules for Radicals）』だったとローブは自伝で明記している。

アリンスキーといえばシカゴのコミュニティ・オーガナイズの創始者的な伝説の人物だが、ラディカル過ぎるとして保守派には敬遠されてきた。かつてヒラリー・クリントンは学士論文のテーマにアリンスキーを選んでおり、論文のために直接会って聞き取り調査もしている。その際アリンスキーにリクルートされたことはヒラリーの自伝『Living History』に詳しい。ヒラリーは誘いを受けず、イェール大学ロースクールで学位を取得して弁護士になるという、システム内からものごとを改革する道を選び、アリンスキーから離れていった。

2008年の大統領選挙では、アリンスキーの弟子たちにコミュニティ・オーガナイジングの手ほどきを受けたオバマが、思想的な影響を受けているのではないかという中傷もあった。

ティーパーティの組織戦術とアリンスキー理論の流用

アリンスキー理論の応用は、動員の手本に保守もリベラルもないというロープらしい乾いた思想が滲んでいるが、これを実践したのがティーパーティ運動だった。ロープの「告白」と相前後して、ティーパーティ運動をリードする保守系著者が、アリンスキーの関連書の出版を次々とした。

また、アリンスキーの『Rules for Radicals』は2009年の冒頭7ヶ月だけで1万5000部販売された。同年8月には書籍販売サイトのアマゾンで、ラディカル思想、市政論、社会学・歴史の各部門で1位を記録している。

ティーパーティ運動の一角を率いる「フリーダムワークス」は、アリンスキーを教科書に、選挙区でボランティアや活動家を誘導するオーガナイザーの訓練「スリーデイ・アクティビスト・ブート・キャンプ」を開催した。これは2008年にオバマ陣営がコミュニティ・オーガナイザーを初めて選挙活動に取り入れたボランティア訓練「キャンプ・オバマ」そっくりである。

「フリーダムワークス」は、2010年中間選挙で、フロリダ、オハイオ、ペンシルバニア、ニューヨークの各州における動員活動を重視し、アリンスキー手法を地上戦の要に位置づけてスタッフを訓練した。「味方陣営ができないことに手を出してはならない」「可能な限り敵よりも先に進め」「あざけりは効果的な武器になる」「味方陣営が楽しめる方法が良き戦術」などアリンスキーの格言から引用された手法が要となった。

戦術レベルにおいては、有権者登録と投票率上昇に向けた具体的指針を鼓舞したことで、理念的な運動を「地上戦」に結び付けるツールが強化され、ローカルにおける保守系動員が促進された。有権者登録の勧誘では過去の棄権者、未登録者、２００８年にオバマに投票した「オバマ・リパブリカン」にターゲットが絞られた。

「オバマ・リパブリカン」とは本来は共和党支持なのにオバマに投票した人たちのことである。(1)親ペイリン・反マケイン層（副大統領候補は評価するが大統領候補に不満としてオバマに投票した）、(2)反ブッシュ層（マケイン政権はブッシュ政権の継続と見なした）、(3)反ペイリン層（ペイリンの知識と経験に疑義を示した）、(4)オバマ積極評価層（既存政党への一定の失望から「変革」を目指すオバマ支持に流れた）、などだ。

チャーリー・ガレットは『ティーパーティ・ハンドブック』を出版し、そのなかで複数グループの連携を推奨している。例えば、全米ライフル協会に対しても銃所持の権利をめぐる憲法修正第２条に関心のあるすべての団体との連携を求めるべきとして、保守系運動に欠けている異種組織のあいだの連携をうながす。

会合テーマを参加者共通の問題にするべきだともガレットは述べている。メディアで紹介されることが大切で、イベントに「ドラマ性」を付与することが鍵となる。ボストン茶会事件時代を彷彿とさせる帽子やコスチュームなどの時代劇風の仮装のほかプラカードや「私を踏みつけるな」というフレーズで知られる黄色いガズデン旗などデザインに凝った工夫が奨励された。シット・イン（座り込み）、フォーム・オーバーロード（税務申告で記述を溢れさせる）、ノイズ・イン（不快な音を立てる）、経済的ボイコット（不買運動）など過激な示威行動もよしとされている。

ガズデン旗を掲げ、茶会事件時代の衣装を着たティーパーティ活動家

アリンスキー理論の応用は理念的なものではなく、動員技術の流用にとどまっている。しかし、気になるのは、アリンスキーを扱うことで「反オバマ」「反社会主義」増幅の感情を焚き付ける裏の意図である。アリンスキーへの注意を喚起するティーパーティ書籍には、アリンスキーとオバマの関係が深いと断じるなど、「社会主義」とオバマ政権を同一視しているプロパガンダ色が必ず滲んでいるからだ。

オバマの生い立ちの描写も悪意を伴う攻撃的なものばかりだ。「オバマがアメリカで生まれていない」という出生を問う攻撃は最も盛んで、2011年4月にホワイトハウスが正式な証明書を出す始末となった。アリンスキーはラディカルだと断じることで、ブラックパンサーや黒人牧師のアル・シャープトンのような人種対立を煽る、白人への攻撃性を連想させる誇張も目立つ。アリンスキー研究の第一人者である、サンフォード・ホーウィットは、アリンスキーの技術を流用しておきながら、アリンスキーとオバマを同一視して嫌悪感を蔓延させようとするティーパーティの行為は「分裂症的」と論じている。

アリンスキーを学ぶ目的が、敵であるリベラル派の運動を知り尽くして敵の技も身につけておくためなのか、保守系グラスルーツの動員強化を目指したものなのか明示的ではなく、導入反対論も保守派内に誘発した。保守系コラムニストのデイビッド・ブルックスはアリンスキー理論の応用は「過激で反保守」であると述べ、ジョン・フィーハリーは左派原理を追認することになると、保守を理念的な矛盾に陥れる可能性に警鐘を鳴らした。

オバマのコミュニティ・オーガナイザー元同僚の反論

リベラル派、とりわけコミュニティ・オーガナイザーはどう考えているのだろうか。オバマのパートナーとしてシカゴでオーガナイザー訓練を受けたデイビッド・キンドラーとシカゴで再会した。元同僚としてオバマのプロフィールDVDにも出演している人物だ。現在は広報会社を経営しているが、若き日はオーガナイザーとしてシカゴの貧困街をオバマと歩き回った。

キンドラーは、オーガナイジングの価値をコミュニティから学ぶ柔軟性と定義している。

「ティーパーティ運動のコミュニティ・オーガナイジング利用をどう見ていますか？」

「オーガナイザー訓練では、住民に批判精神を芽生えさせると同時に、世界を理解する心境にさせる方法の指導を受けます。ティーパーティ運動は敵と味方の二元論を際立たせる恐怖と偏見に過度に依存しています」

そう述べるキンドラーは、世の中に対する興味関心の薄さは反知性主義であると言う。知性の度合いにかかわらず、住民と向き合う姿勢と思想的柔軟性が、オーガナイザーに求められると解説する。

「具体的にはティーパーティの活動をどのように感じていますか？」

「技術だけをアリンスキーから取り入れたため、ティーパーティの活動のほとんどすべてが、ガイドブックからスローガン、示威行動、攻撃性まで、保守派が嫌悪しているはずの労働運動に酷似してきています。ティーパーティ運動のアリンスキー利用は、アリンスキー個人に興味を示す一方で、コミュニティ・オーガナイズの歴史や本質に関心を寄せませんでした」

「社会主義」のラベルに引きずられたのかもしれない。オバマ世代のオーガナイザーはアリンスキーからは指導を直接受けておらず、両者のオーガナイズ手法には大きな隔たりがあるにもかかわらず、ティーパーティ系論者は両者を関連付けている。アリンスキーは労働組合をモデルに退役軍人組織、女性組織、教会組織、学校別組織、職場別組織などグループ別組織を用いる動員力に意義を見いだしたことでコミュニティ・オーガナイジングの基礎を築いた。

しかし、1980年代以降、衝突型活動には拒否感を示した宗教家の協力を維持するため、アリンスキーの弟子筋にあたる第2世代は、教会に基盤を移していった。この第2世代の指導を受けたのが第3世代のオバマたちだ。

第3世代以降のオーガナイズはイデオロギー色の薄い信仰基盤（Faith-based）の教会活動で、労組型アリンスキーモデルとは決別している。オバマの給料も教会の寄付金で賄われていた。信仰基盤のコミュニティ・オーガナイザーは、教会の委託職員であり宗教関係の仕事である。つまり、「社会主義」が嫌いなはずのティーパーティが、アリンスキー理論に忠実に労組型戦術を熱心に実践し、世俗的なはずの民主党がカトリック教会基盤の信仰活動と連携している。皮肉な逆転現象だ。

また、オーガナイズは選挙戦術ではなく、本来は永続的なコミュニティ活動である。オバマ陣営がオーガナイザーを投入して集票効果が生じたのは、オーガナイザーが一義的には選挙のプロではなく、平時では長期間に及ぶ住民聞き取り調査で、住民のご用聞きをしている地域活動家だからだ。奉仕精神による地域との信頼関係の土台が欠けたまま、ティーパーティのように、集票テクニックとして抜き取って利用しようとしても効果は限定的だ。

アリンスキーはそもそも政治とは距離をおくべきだと考えた。だから伝統的にコミュニティ・オーガナイズは選挙活動と無縁だった。アリンスキーは、権力は対峙すべき相手で支援する対象ではないとして、学校、警察、政府、政治家とは距離を保つことを提唱した。のちに弟子達はこの教えを部分的に破ることになる。カトリック教会と連動する過程で、宗教左派運動として政治参加に踏みきったからだ。

「戦術（tactics）は模倣できます。しかし、本来の価値観（the values）を付与しなければ、オーガナイジングは小さなミリシア（武装集団）の育成に堕します。オーガナイジングの価値観は常に戦術を超越したものです。ティーパーティのオーガナイジングはその反知性主義ゆえに異質なものにとどまっています」

こう言うキンドラーは、ティーパーティによるアリンスキーの誤読とオーガナイジングの誤用に苦笑していた。

オバマ政権は宗教左派政権

2000年代半ばに民主党全国委員会で宗教アウトリーチを率いたアレクシア・ケレイとい

う女性がいる。２００９年にオバマ政権で厚生省内の信仰に基づく隣人パートナーシップ室ディレクターとして任用され、その後同政権でホワイトハウスにも勤務している。しかし、担当は政治経済のような政策ではない。草の根の宗教的市民運動の功績を評価されての政権入りだった。

私がケレイと出会ったのは、２００４年の大統領選挙で民主党が惨敗した直後だった。カトリックの友人の献身的な地域奉仕や平和活動に心を打たれた私は、学べるものがあればと教会に足を半分入れ始めていた。その私からするとハーヴァード大学大学院で神学を修めたケレイは、教会で会うタイプのカトリック教徒と比べるととても柔軟で政治的に見えた。

民主党の弱さを世俗派の宗教アレルギーによる信仰基盤の弱さと感じていたケレイは、宗教の集票マシーンを民主党にも築く運動を仕掛けようとしていた。ケレイは２００５年に「公共善のために同盟するカトリック（Catholics in Alliance for the Common Good）」を立ち上げ、手始めにカトリック教徒向けの「投票ガイド冊子」を配布するなど有権者教育を展開した。ケレイの団体の『ガイド』は、よくある新移民向けの投票方法説明や単純な投票勧誘などの「ガイド」とは違って、カトリック教徒にとって重要な政策課題群と投票への指針を示した意欲的な体裁となっている。

ケレイらが試みたのは、共和党へのカトリック票流出の元凶となっている人工妊娠中絶や同性愛問題だけにこだわるカトリック教徒の「単一争点」意識を解体し、貧困や平和、環境など公共的な「善」を優先して投票させることだった。ケレイはオバマ政権入りを目前に、宗教左派にとってのマニフェスト的書として『A Nation For All』も２００８年に発表した。前文ではペンシルバニア州選出連邦上院議員のロバート・ケーシー２世が、「私達対彼ら」の対立枠組みが陳腐化していると説いている。

巻末では宗教左派運動を担う重要47団体リストが示されているが、オバマの自著『The Audacity of Hope』の宗教章を監修した福音派牧師のジム・ウォーリスが主宰するサジャナーズのほかはカトリック系団体が多い。オバマがコミュニティ・オーガナイザーとして訓練を受けたガマリエル協会（Gamaliel Foundation）などコミュニティ・オーガナイジング団体も「宗教左派」の重要団体に分類されているのは興味深い。

さて、ケレイとは別にもう１人若手の宗教左派のヒーローは、オバマホワイトハウスで信仰に基づく隣人パートナーシップ室に登用されたマーラ・ヴァンダースライスだ。ヴァンダースライスはオバマ陣営の事実上の宗教アウトリーチを担った「ザ・マシュー（マタイ）25ネットワーク」の発起人でもある。

世俗派の両親に育てられ深い信仰とは無縁の生活を送っていたヴァンダースライスは、インディアナ州のクェーカー系の大学に在籍中、南米コロンビアでの短期滞在を経験し、現地の貧困に大きな衝撃を受けボーンアゲインとなった。ヴァンダースライスが掲げる基本哲学は「愛」である。ヴァンダースライスは次のように私に語っている。

「民主党内の世俗派と信心派の合流は難しいです。しかし、宗教アウトリーチの意義は、心に潜む善なるものを引き出す、信仰心そのものを選挙民から引き出すことにあります。公民権を愛する、人権を愛する、平和を愛する、というカトリック的な観点から考えても、世俗派と称される民主党内部の大半にも基本的には宗教心があります。それを引き出す。そもそも黒人の公民権運動にしても、キング牧師が指導した宗教運動だったわけであり、宗教とはそのような人を愛することから始まっている運動であることを理解させ、その善なる想いで民主党をまとめあげるしかないのです」

「道徳問題」としての医療保険――宗教左派と労組の微妙な亀裂も

医療保険改革法案採決の最後の週、木曜日の朝、ある連邦議会の議連の部屋で、ペローシ下院議長（当時）と数人の議員がテーブルを囲んでいた。そのうちの1人が、再選が危なくて、医療保険どころじゃないと愚痴った。それをペローシはこう窘《たしな》めた。「私たちは皆ここに、あるリーズン（理由）のために集まっているはずです。再選のためではないはずです」。理想論かもしれないが、再選が目的化してしまっている議員たちに冷水を浴びせる究極の発言だった。

「イッツ・アバウト・ライフ　It's about life」医療保険はコスト問題ではなく、モラルイシュー（道徳の問題）であり、命なのだというキャンペーンに転換し始めたのは後半戦だった。そこで投入されたのが、信仰基盤イニシアティブが率いた、カトリック教会の尼僧による、電話と手紙によるキャンペーンだった。

「この医療保険改革法案に賛成してほしいという電話か手紙を選挙区の議員にしてください」キリスト教徒のあいだには、共和党から「オバマケアは人工妊娠中絶の費用も負担する」というデマが流されていた。これを食い止めるのに、尼僧の電話説得は絶大な効果を発揮した。絶対視されている人工妊娠中絶の「命」の価値が、難病で死の淵に追いやられている病人や怪我人の「命」の価値をめぐって、カトリック教会内で相対化された瞬間だった。

医療保険の宗教左派的な「価値問題」化によって、宗教的に保守的な民主党農村部がぐっと賛成に回った。また、中絶問題で教会との共闘に否定的だったフェミニストという民主党内の右と左の双方を再包含することにも貢献した。

宗教左派の特徴は、宗教を政治や社会変革の駆動力にすることを躊躇しない原理的な世俗主義との決別である。そして宗教右派のように一部の問題に目的を限定せず、貧困、環境、平和など対象とする視野の広さをもつ。彼らにとって貧困問題とは、アフリカから南アジアまで広がる世界の飢えであり、アメリカの狭い意味でのインナーシティの格差問題に限定されない。

ここが同じ民主党内でも、国内のインナーシティの格差是正を訴える労働組合や各種利益団体と立場を異にするところである。

今、民主党とアメリカに求められているコミュニティ活動は「脱格差」だとされている。インナーシティの経済格差の問題ばかりをとりあげていては、階級闘争に陥り「社会主義」アレルギーから抜け出せない大多数のアメリカ人が運動についてこないからだ。

宗教右派は共和党の集票マシーンとしてはかつての勢いはない。しかし、これが宗教左派の勝利かと問えば行く末は多難でもある。「ブッシュ共和党」を倒すという目的でリベラルな世俗派と信心深い宗教左派は民主党内で共闘した。しかし、オバマ政権が誕生してから、民主党内の世俗派は、宗教性の過度の侵蝕に戸惑いも見せ始めている。

フェミニズムと同性愛運動とカトリック教徒

宗教左派の仮想敵は宗教右派ではなく、頑なな世俗派である。とりわけフェミニストと同性愛者との相互理解は鍵となる。フェミニスト運動は1966年のベッティ・フリーダンによる全米女性機構（NOW）の結成、1971年のフリーダン、『ミズ』誌の編集長グロリア・スタイナム、ベラ・アブザグなどによる全米女性政治コーカス（NWPC）の設立で沸点に達した。

かつては、共和党、民主党との連帯という選択肢のほか全米女性政治コーカスが独自に女性のための第3政党を立ち上げる動きもあった。しかし、政治評論家のマーク・ストリッカーズが指摘しているように、フェミニスト団体が選んだ道はそのどれでもなかった。フェミニストが主流でいられるような政党に、民主党を改革してしまうことだった。

同様に政治力を高めようとしたのが、同性愛者の解放運動だった。同性愛は独自のライフスタイルを誕生させ、トッド・ギトリンに言わせれば「同性愛というものが一種のエスニシティとなった」。同性愛者は総称してLGBT（Lesbian, Gay, Bisexual, Transgender）と呼ばれるが、公民権運動とヴェトナム反戦運動の影響下で勢力をのばし、環境保護運動、消費者運動などとも連動した。

触媒になるのは民主党内のリベラル派カトリック教徒と比較的頭のやわらかい若年層だろう。キャサリーン・ケネディ・タウンゼントは、カトリック信仰を民主党内で穏健な形で根付かせようと改革を進めている1人だ。カトリック教会で禁じられている避妊具の使用を、人工妊娠中絶を減らすために解禁しようとしている。

世俗派が支配的だった民主党にあって、バラク・オバマは2009年就任演説で「ノンビリーバーズ」を含む多様な宗教に言及した。宗教そのものの重みとユダヤ教・キリスト教にとどまらない多様性の共存の2つのメッセージを同時に発した。ジョージア州選出のハンク・ジョンソンと並んで連邦議会の2人だけの仏教徒のうちの1人であるハワイ州選出メイジー・ヒロノ下院議員は、オバマ時代の民主党の政教哲学に「共感」を据える。ヒロノは「共感能力は人間と他人を深く知る力です。仏教的であると同時にキリスト教的な姿勢です」と述べる。

文化を代弁する結社は、政党内で活発な活動を繰り広げる。銃を愛好する派しない派、信仰派、世俗派など「文化戦争」の根源は絶えない。しかし、文化横断的な交流は少ない。保守や共和党の内部、リベラルや民主党の内部で活発であるが双方の行き来は少ない。全米ライフル協会と人権団体が隣同士にブースを設け、壇上で対話するシンポジウムはない。いわば結社のたこ壺化に陥っている。

アリンスキー理論の遅れてやってきた部分的利用者であるティーパーティは、動員の技術だけにこだわる。他方で、ラディカルなリベラル派の活動家は、教会を切り離した世俗的でイデオロギー的なデモに終始している。ウォール街占拠デモはティーパーティ運動を牽制し、リベラル派の情熱を鼓舞したが、穏健な無党派や教会団体を遠ざけた。

教会や信仰がコミュニティではたしている役割を過小評価することはできない。「社会主義」に理念的、感情的な嫌悪感があるアメリカで、再分配の方法として保守にもリベラルにも許容されるのは、信仰をめぐるアソシエーションぐらいしかないからだ。医療保険改革を信仰コミュニティの助けで突破した、オバマ流の「宗教左派政権」のポテンシャルをアメリカは活かせるのだろうか。

第4章 「政治」を商品化するメディア

ブッシュシニアの大統領当選を決めたTV中継インタビュー

1988年、アイオワ党員集会まで2週間という時期に、アメリカの政治メディア史に残る中継インタビューが行われた。大統領選の指名獲得に奔走していたレーガン政権の副大統領、ジョージ・H・W・ブッシュのテレビ出演である。

共和党内にはボブ・ドール上院議員など強力な対抗馬がいた上に、1980年代に勢いを増していた宗教右派からは、同派の基幹的な組織「キリスト教連合」の設立者で宗教右派の元締めであるパット・ロバートソンが出馬するなど波乱含みの予備選だった。

共和党内でブッシュは穏健過ぎるのが欠点だった。側近はブッシュの弱腰イメージを払拭する好機をうかがっていた。その好機が3大ネットワークの老舗放送局CBSでも最も権威ある看板番組とされてきた「CBSイブニングニュース」で当時アンカーを務めていたダン・ラザーを論破するという作戦だった。

CBSは共和党の各候補のインタビューを放送しており、ブッシュ副大統領のインタビューを欲しがっていた。これを知っていた側近のロジャー・エイルズは「生中継のライブのインタビューなら応じる」と条件を出した。アメリカの夕方ニュースは30分しかない。生放送での中継は放送事故と隣り合わせでありCBSは渋ったが、エイルズは一歩も引かなかった。

ニクソン大統領にアドバイザーとして仕えて以来、共和党におけるコミュニケーション戦略の頭脳とされてきたエイルズは、テレビ業界人以上にテレビを知り尽くしていた。録画インタビューに応じれば、必ず編集過程でメッセージを歪められる。生中継の出演でしか、政治家が言いたいことを漏れなく伝える方法はない、という原則を摑んでいた。

インタビューの放送日が数週間後に決定すると、CBSとブッシュ陣営はそれぞれタスクフォースを組んで準備にあたった。その様はまるで決闘か戦に臨む緊張感に満ちていた。ラザーは自分が出馬するかのように念入りに質問を準備した。エイルズも準備で勝負は決まると知っていた。CBSがイラン・コントラ事件へのブッシュの関与について質問することは自明だった。これをどうかわすかで勝負は決まる。

当日、ラザーはCBSのニューヨークのスタジオのアンカーデスクに座った。ブッシュはワシントンの連邦議会内にある副大統領執務室を中継場所として選んだ。そしてエイルズがブッシュを撮るカメラの脇に控え、「キューカード」と呼ばれるカンニングペーパーを差し出す手はずになっていた。

インタビューが始まると案の定、イラン・コントラ事件についてラザーが質問した。エイルズは予定していた反論をブッシュに「キューカード」で指示した。「もし私が、君が7分間もスタジオから姿を消したことで君のキャリアのすべてを判断したらどう思うだろう？」

ラザーは絶句した。マイアミのフットボールの試合が延長放送になったさい、スポーツが局の看板報道のニュースに影響を与えるなどけしからんと腹を立てたラザーは、生放送を放り出して抗議の意を示して7分間スタジオを去った。放送事故でスポンサーと視聴者に迷惑をかけたのだ。エイルズはあえてラザーのトラウマを狙撃した。ラザーは罠にはまった。客観性を忘れて怒りの感情をあらわにした。副大統領に礼を失しているとして、大量の批判の電話がCBSに押し寄せた。

ブッシュはアメリカで最もリベラル偏向が激しいとされていた有名アンカーに恥をかかせたことで、保守派の有権者の評価が一気に上昇した。エイルズと同僚のリー・アトウォーターは、同様の手法でメディアの土俵でブッシュの評価を高める「仕掛け」を繰り返し、見事にブッシュを大統領に当選させた。彼らの手にかかれば、過度にリベラルだと思われていた対抗馬のデュカキスなど、罠にはめる突っ込みどころだらけの存在で、赤子の手をひねるようなものだった。

共和党内の指名すら危ぶまれていたブッシュを大統領執務室の椅子に座らせ、息子の代まで続く「ブッシュ王朝」のレールを敷いた意味で、ラザーを負かしたエイルズが仕掛けたインタビューは革命的な転換点であった。共和党に大きく貢献したエイルズは、後に保守系テレビFOXニュースの創設者となる。

1980年代は夕方ニュースの影響力がまだ絶大だった。メディアリテラシーが浸透していなかった頃、アンカーは局の戦略上、過度に神格化されており、アメリカの「顔」にして文化人の頂点のような存在だった。ハンバーガーとかジャンクフードは食べないのではないか、寝るときも七三分けのまま寝ているのではないか、という作られた完璧なイメージがあった。ラザーの前任のウォルター・クロンカイトは大統領以上に尊敬され、影響があると言われた。

実際にはアンカーの知識や経験にはかなりの個人差があったが、激しい視聴率競争のなかでニュースよりもアンカーのイメージが視聴率を左右する商品であることを知っていた経営陣は、アンカーにジャーナリストとしての能力よりも「らしくみえる」役者的な偶像性を求めた。これを戯画的に描いた映画やドラマは少なくない。NHKでも放送されていたシチュエーションコメディ『マーフィー・ブラウン』には、野太い鼻濁音で角張った歩き方しかしないアンカーマンが出てくる。

偶像化された文化人のなかの文化人である「アメリカの顔」を論破するというのは、政治家にとってタフネスの証明にはもってこいであり、大統領と放送局の司会者とどちらが本当は上か、「立場」をはっきりさせた勝負とも言われる。かつてのアメリカのアンカーマン神話にヒビを入れる1つのきっかけとなった放送史上の事件でもあった。

FOXニュース立ち上げに協力した元CBS放送幹部

ブッシュとラザーのエピソードを長々と紹介したのには訳がある。このときブッシュの執務室でカメラの脇にいたのがエイルズなら、ニューヨークのCBSのスタジオでラザーを凝視していた人物こそ、元CBSニュースのナンバー2の男、ジョー・ペイロニンであった。

アメリカのテレビ界の生き字引のペイロニンに会うため、私はニューヨークを訪れた。

ニューヨークはニュースメディアにとって特別な都市だ。エンターテインメントの主流は西海岸ハリウッドだが、ニューヨークは「ニュースの首都」の座を明け渡していない。メディアを牛耳る資本と知がそこにある。アメリカのメディアはユダヤ系の富と才能が注ぎ込まれて成長した。そして、政治の街ワシントンと鉄道で日帰りの距離にある地理的な優位性もある。

アトランタのCNNなどの例外を除き、アメリカの3大ネットワーク、ABC、NBC、CBSの夕方ニュースとFOXニュース、MSNBCなどケーブルの主要ニュース番組は、すべてニューヨークのスタジオから全米に放送されている。また、「ニューヨーク・タイムズ」は事実上の全国版クオリティペーパーの地位にあり、出版社や雑誌社の多くも編集機能をニューヨークに有している。コロンビア大学、ニューヨーク大学という2つのメジャーなジャーナリズム大学院もマンハッタンにある。

ロウアーマンハッタンのニューヨーク大学のオフィスに、スマートフォン片手にペイロニンは現れた。引退後、同大学でも教えている。スマートフォンには著名アンカーや政治家との写真が入っている。有名人好きなのか、それとも取材や交渉に効くちょっとした小道具なのか。さりげなく私に、若い頃のダイアン・ソーヤー（ABCニュース）と談笑する写真を見せようとする。

ペイロニンの業界内でのもう1つの顔は「FOXニュースを立ち上げた男」。つまり、ラザーとブッシュのそれぞれ部下だったペイロニンとエイルズの2人が数奇な縁でルパート・マードックに雇われ、FOXニュースを一緒に立ち上げた。

ペイロニンを昼食に呼び出したエイルズは開口一番こう訊ねたという。「君はなぜリベラルなのか」。ペイロニンはこう答えた。「なぜ私がリベラルだと思ったのですか？」「なぜって、君はコミュニスト・ブロードキャスティング・システム（CBS）で働いていたからだよ」。ペイロニンはジョークだと思ったが、エイルズは真剣そのものだったという。「リベラルな放送はできない。オルタナティブにならねばいかん」

エイルズはペイロニンのニュース番組制作の経験が欲しかった。しかし、最後まで思想がリベラルかどうかにこだわった。ペイロニンは「私はジャーナリストです」とだけ述べ、リベラルかどうかに返答しなかった。エイルズは、番組スタッフにも1人1人「保守かリベラルか」を訊ねてまわっていた。

FOXは番組を売り、CNNはニュースを売る

「アメリカのメディアを保守とリベラルに分裂させている元凶が、FOXニュースではないか」という問題提起を、FOXニュースを立ち上げたペイロニンに直接ぶつけることにした。

ペイロニンは政治的イデオロギーが関与するニュースは受け入れられないとして、早々にFOXを去ったという。皮肉にもオーナーのマードックは政治に関心がないビジネスマンだった。マードックについてペイロニンはこう証言する。

「ルパートの目的はワシントンで権力をもつことでした。彼は保守的ですが、実は一般に思われているよりはるかにリベラルです。彼が欲しかったのは経済的な権力と影響力でした。ただそれだけです」

新聞のオーナーはテレビ局を同時にもてないという規制や、オーストラリアの会社だったマードックの会社をアメリカ法人にする必要性など、新規局の開局を阻むアメリカの法律を変えさせてビジネスをやりやすくする上で、ワシントンの手助けが必要だった。そのために報道機

関としての存在感を高めなくてはならず、オルタナティブとして共和党の政治家とその支持層に「空白」が生じていた。エイルズとマードックは「同盟」を結んだにすぎなかった。

低コストでニュースを集めることが課題だった。エイルズが考案したのは、既にトークラジオの世界で地位を確立している人物を連れてきて喋らせることで番組の枠を埋めることだった。FOXニュースの「顔」となっているビル・オーライリーもショーン・ハニティも3000万近くのリスナーを抱えていた。彼らを番組の顔にすることは、無料のマーケティングだった。FOXニュースは独自のスターを開拓する手間を省こうとした。

言い換えれば、FOXが「保守」チャンネルになったのは、ビジネスを安定させるために生じた「都合」だった。この点がオーナーや発行人が保守やリベラルの信奉者で、思想の拡散を目的にしている伝統的な雑誌メディアとは違う。

「保守的な視聴者にターゲットを絞ったことで、忠誠心の高い視聴者が生まれました。忠誠心の高い彼らは、オバマやペローシやリードがいかに酷い連中であるかということを聞きたがるのです」

こう述べるペイロニンは、FOXの番組は「ニュース」ではなく「政治」を商品化したことが高視聴率と経営の安定に寄与したと明かす。

「CNNの視聴者は、平均7分しかチャンネルを合わせないのです」

ペイロニンは言う。ニュースが確認できたらおしまい。残りの番組全体までは見ようとしない。「ニュースが主役」を打ち出したCNNへのアイロニーであるし、ニュースを売り物にしている伝統的な報道番組のジレンマだ。CNNの熱心な視聴者は、見出し的なニュースが知りたいからCNNにチャンネルを合わせる。「番組」への愛着はもたない。ペイロニンはこう言う。

「例えばカダフィが市民に乱射している映像がテレビで出るとしましょう。それを見ている、アメリカ人でも日本人でもいい。大変な出来事だから、まあチャンネルを合わせますよね。O・J・シンプソンが車で逃亡していても見る。しかし、そういう事件は、毎日は起きないのです。ごくたまにしか起きない。だからこそ、人の関心を引く。CNNは通常ニュースを淡々と放送しますが、大半の視聴者は数分しか見ません。もうこれで十分ってね」

政治言論が見たい視聴者は、「番組」を最後まで見るが、ニュースにしか関心がない視聴者は途中で消す。『ニュース』ではなく、『番組』に愛着をもたせることが継続視聴の鍵」

この当たり前の原則に遅ればせながら、テレビ報道の現場が直面させられたのはFOXニュースのような「政治言論チャンネル」が成功したからだ。それまではいいニュースを放送すれば視聴者がついてくるとナイーブに信じ、市場の冷酷な現実は棚上げしてきた。

「ニューヨーク・タイムズ」社説のテレビ版 MSNBC

最初にFOXニュースの始めた「ゲーム」に対抗する意思を表明したのはMSNBCだった。マイクロソフトとNBCの共同設立ケーブル局だが、1990年代半ばに開局して以来低視聴率にあえいでいた。FOXのリベラル版としての「政治言論チャンネル」をやってみて、視聴率がどう変動するか実験に賭けても失うものはなかった。

まず投入したのが、CBSにたびたび出演していたクリス・マシューだった。マシューは報道で使うには政治的過ぎた。カーター大統領のスピーチライターを務めたリベラル派だ。そしてリベラルな放送関係者まで「クレイジー」と呼ぶ過度なリベラル偏向が特徴のキース・オルバーマンも投入した。レイチェル・マドウ、エド・シュルツ、ローレンス・オードネルとヘッドハンティングは続いた。

あっというまにMSNBCのプライムタイムは「ニューヨーク・タイムズ」社説のテレビ版になってしまった。しかし、ペイロニンによればリベラルな視聴者を籠絡することは、保守系の視聴者ほどには簡単ではなかった。

「FOXでは簡単です。15分おきに『オバマはバカだ』と言っていればいいのです。そうすれば視聴者は離れません。リベラルな人はいろんなことをします。インターネットを使うし、読書家が多い。（保守系雑誌の）『ナショナル・レビュー』ですら購読する。『アトランティック』『ニューヨーカー』も読む。情報を様々な方面から得るのです」

知的レベルが高いリベラルな人を「保守批判」の連呼だけで引きつけるのは難しかった。FOXと同じ過ちの迷路に入り込んだと批判されるようになるのは、オルバーマンがブッシュや保守系の著名人を名指しでバカにするコーナーを始めたときだった。

迷走したのがリベラルな視聴者をMSNBCに奪われたCNNだった。アンダーソン・クーパーというビデオジャーナリスト出身の硬派記者の活躍の一方で、買春で逮捕された元ニューヨーク州知事と出演契約するなど、CNNは報道機関として方向性のぶれを露呈した。

アメリカのテレビは「政治言論」を昼間の枠では好まない。プライムタイムなら1時間30万ドルの広告費が稼げるが、デイタイムでは1時間2万5000から5万ドルがいいところだからだ。そこでデイタイムは、ストレートニュースの再利用でお茶を濁す。

例外はワシントンのインサイダーとビジネスエリートにターゲットを絞って、広告費の単価を上げることに注力した「モーニングジョー」である。共和党元下院議員とカーター政権の補佐官だった民主党寄りのズビグネフ・ブレジンスキーの実娘をアンカーにした政治色丸出しの番組だ。

もともとアメリカのテレビ報道の世界は政治出身者で溢れていた。ABCのダイアン・ソーヤーはニクソンの自伝のゴーストライターを務めたニクソンの補佐官だった。同じくABCのジョージ・ステファノプロスの夢はジャーナリストだったが、クリントン陣営と政権に参加することで、政界を踏み台にしてメディア進出を実現させた。２００８年の選挙報道期間中に急死したＮＢＣのティム・ラサートは、モイニハン上院議員の補佐官だった。

ブッシュ政権を誕生させたエイルズが生みの親のＦＯＸを例にとるまでもなく、アメリカでは政治を切り離してテレビについてジャーナリズム単体で論じることはほとんど意味がないほどに、政治とテレビ報道は表裏一体となっている。しかもそれはリベラル側も同じ穴の狢である。

「大統領選挙ディベート」という政党とメディアの共謀的イベント

アメリカの大統領選びで巨大な役割をはたすディベートも、メディアのイデオロギー的な分裂とは無縁でいられない。

大統領選挙ディベートはプライムタイム（日本の通称ではゴールデンタイム）の枠で全国に生放送されるため、アメリカ放送界のテレビ中継技術の進歩とともに歩んできた。ケネディとニクソンのディベートで、テレビ映りが印象を左右したという逸話で知られるように、１９６０年代以降は「メディアのイベント」として定着している。

民主党系メディアコンサルタントでジョージワシントン大学のピーター・フェンが指摘する

ように、1960年のニクソン・ケネディのディベート以降、ほぼすべての大統領選挙でディベートは重要な役割をはたし、とりわけ1980年大統領選挙のレーガン・カーターのディベートは8000万人のアメリカ人がテレビで視聴し、レーガンのディベートでの鮮やかな弁舌が勝利の鍵となった。

予備選の大統領選挙ディベートは2つの主催者によって開催される。1つはメディアである。具体的には、ディベートを番組として放送するテレビ局と協賛相手の新聞社である。もう1つは党である。予備選では開催地の党の州委員会、本選なら両党が運営するディベート委員会である。

2011年8月11日、アイオワ州エイムズで開催された共和党候補による大統領選挙ディベートにゲストとして列席した。私が会場で観戦した回は、FOXニュースと「ワシントン・イグザミナー」紙が共催した。共和党の予備選ディベートは保守系メディア、民主党予備選ディベートは中道からリベラル寄りのメディアが放送することが少なくないが例外もある。本選は交互か中道が旨で、PBS（公共放送）のジム・レーラー、グエン・アイフィルなど、わりとオピニオン色が薄い人物をモデレーターにする工夫もある。

本来の主催は党、それも開催地の州の党委員会である。したがって、最前列の主賓席には、州に関係する党の公職者が大物順に着席するし、観覧チケット収入は州の党中央委員会への献金となる。局のイベント部門の興行収入ではない。そのため対立政党の偵察目的か、あるいは研究上や取材上の理由がある私のような例外でない限り、予備選ディベートの観客は候補者側の政党支持者しかいない。

この回は最前列左から州知事のテリー・ブランスタッド、州副知事のキム・レイノルズ、連邦上院議員のチャック・グラスリーが座った。共和党の祭典なので、民主党のトム・ハーキン上院議員は参列しないし、もし知事が民主党なら知事もこの場にはいない。

ラインス・プリーバス共和党全国委員会委員長も駆けつけたが、右側2階席のバルコニーに着席して手を振るにとどめ、最前列の州の大物政治家との距離を保った。アイオワに敬意を示して出過ぎないようにする。全国委員会は選挙組織であり、日本の党本部のような存在ではないので、党の全国委員長も日本でいう党首のような立場ではない。

会場をテレビ局のスタジオにせず、あえて州立大学など公的施設にしているのも開催州へ敬意を払うことと、地域性を色濃くすることで各州にまたがって行われる大統領選挙プロセスの躍動感を演出する目的がある。協賛の放送局が、サーカス団のように全米各地の開催地をまわって即席でディベートのスタジオとプレスセンターを設営する。

ディベートには観客はパートナー同伴の社交目的で訪れる。VIP観客向けのレセプションが用意されており、ここで無料のカクテルやシャンパンを片手に党の幹部とその家族が「社交」を繰り広げる。予備選ディベートは候補者の生演説をニンジンにした献金パーティであり、党人の社交の場である。全国党大会と同様だ。

ジャーナリストの質問による討論の誘導のメカニズム

他方で、大統領選ディベートはあくまで「番組」である。大統領候補同士の討論をそのまま映して流すのではなく、司会者と何人かの質問者（司会者が質問者も兼ねて1人で行うケースも多い）をジャーナリストが務め、彼らの質問に候補者が答える形式で進められる。

報道では「A候補とB候補が～について罵り合う場面もあった」などと書かれているので、候補者が自由に討論し合っていると思われがちだ。しかし、司会者が質問してそれに回答するというスタイルが厳密に存在している。司会者の許可なしには候補者は勝手に発言できない。したがって、「A候補の今の発言を受けてあなたはどう思いますか？」とB候補に司会者が水を向けないとB候補は反論の機会も与えられない。

いわば、司会者や質問者が当てて、指名されたら聞かれたこと

共和党候補による大統領選挙ディベート（アイオワ州エイムズ、2011年8月）

について行う「連続的なスピーチ」であり、壇上にいる者同士が司会者をさしおいて自由に会話することはない。割り込んで話すということも許されていない。

現在の方式では、質問するジャーナリストが「どのような質問を」「どのようなタイミングと順番で」「誰にいつ発言機会を与えるべく指名するか」によって、完全に議論の流れと内容を一元的に支配できる。言い換えれば、番組が、候補者にどのような発言をさせて、どのような「見せ場」や「落とし穴」を作るかも、大きな意味では操作可能である。

大統領選挙ディベート番組は、「内政」「経済」「外交」などいくつかのセクションに分かれているが、それぞれの時間とCMをまたぐ時間が、かなり厳密に定められている。とにかくその基準のラインの時間までは、どんなことがあってもそのテーマの議論を終わらせるのである。「経済」が少し盛り上がって本質論に入ってきたので、ここは少し膨らませて「経済」の議論を続けて、ということはまずない。

それぞれのセクションの時間は限られている。生番組であるためタイムキープが厳密である。キューシート（進行表）通りでないと番組が破綻する。候補者がどんなに国民に伝えたいことがあり、観客や視聴者がもっと今のところを聞きたいと思っても、無慈悲にも番組進行が優先する。

この点、テレビ時代以前のタウンホールミーティングでの討論会なら、流れのなかで浮き彫りになった問題をとことん議論しようということは多々あっただろう。選挙過程をメディア、とりわけ「ストップウオッチ」（尺と呼ばれる時間）と「スポンサー」（マストとしてのCM消化）の2つに縛られるテレビが主導するようになってからの弊害の1つと言えるかもしれない。「あとに番組がつかえている」編成上、もっと国民が聞きたい、候補者がもっと話したいと思っても、討論は1時間半で強制的に終了する。

留意しておかねばならないのは、すべての候補者に均等に発言機会が与えられないことだ。1つの質問が投げられて、それについて順番に回答するというのではなく、質問を回答する権利が与えられる（指名される）候補者は限定的なのだ。

これは予備選が煮詰まってからの2、3人の候補者によるディベート、本選での2人の候補者によるディベートと予備選初動段階での複数候補のディベートの違いである。予備選前や予備選初動段階のディベートのように、5人、6人以上、場合によっては10人近くの候補者で行われるディベートでは、どうしても1人あたりの発言時間は少なくなるし、指名回数にも不公平が生じる。

メディアが政治家に与える役割と「トーキングポイントメモ」

質問の仕方には定型がある。それは「あなたは〜について、〜という発言をしていますが、これについてどうか」という、過去の刺激的な失言に近い、いわゆる突っ込みどころのあるクオート（引用）を探してきて、それを提示して自己弁護させるというスタイルである。ほぼ例外なくこのスタイルを踏襲する。

この質問方法は、候補者にとって利点と欠点が両方ある。利点は準備がしやすいことだ。候補者は「トーキングポイントメモ」と呼ばれる「発言応答要領」を政策スタッフに作成させる。作成するのはスピーチライターではなく政策スタッフなので、候補者の話しやすさもおかまいなしに分厚いファイルを作成する。

候補者の頭にすべてが暗記できるわけもなく、結局のところはスピーチライターが嚙み砕いたシンプルな「メッセージ」を候補者のボキャブラリーを用いて変換する作業が必要になる。経験した公職にも左右される。例えば、大使経験者のような例外を除き、知事しかしたことがない人物は基本的に外交に疎いし、議員も所属委員会や選挙区によって知識にかなりの偏りが生じる。

しかし、過去の発言でメディアが突っ込みそうな場所を逆算して洗い出せば、ほぼ間違いなくディベートで聞かれることが予測できるのである。それに沿って勉強しておけばいい。大きなファイルを雇用からアジア外交まで細かく勉強する必要はない。

他方、この方式の欠点は、過去の発言だけで判断されるということだ。例えば２０１１年８

月のアイオワのディベートでは、リック・サントラム元上院議員は前半まったく指されなかったため、業を煮やして「まだあまり発言していません」と自分を指名してほしいと異例の要求を行った。カメラには映らなかったが、ずっとペンを立てて司会者に振って抗議を示したが、アンカーデスクの4人の質問者も意図的に無視した。サントラムは前半の経済関連の内政議題の筋書きには、登場人物として載っていなかったからだ。番組がサントラムに期待した発言テーマは社会文化争点であった。

サントラムも大統領を目指すにあたって広範な勉強をしているので、是非経済への政策認識も示してアピールしたい。しかし、人工妊娠中絶反対派（プロライフ）のカトリックとして、宗教保守色ばかりの印象があるため「社会文化問題セクションの要員」として烙印を押されてしまっていた。

ロムニーならマサチューセッツ州知事時代の医療保険制度について弁明を求められるし、前駐中国大使のハンツマンなら共和党員として民主党のオバマ政権に参加したことや対中姿勢を問われ、ポールはイランの核開発を制裁せずにイスラエルとも距離を置くべきなど、孤立主義的な外交姿勢で詰められる。

「弁明」と「釈明」90年代クリントン時代のメディア戦術

かくして、メディアによって各候補のイメージがさらに上塗りされていく。サントラムのように、候補者側が全国区でのブランディングの修正をみずから試みても、メディアが固定化しようとしているその候補のイメージや役割と乖離する場合には、黙殺されがちだ。有権者がわざわざ候補者のウェブサイトを訪れない限り、テレビを観ている分には、候補者の政策や政治思想は同じイメージの枠内にとどまる。

概ねどの候補者も、「過去の発言や行為」について訊ねられるので、「この選挙戦では社会文化問題だけでなく経済や外交にもアイデアがあるので聞いてほしい」と叫んでも無駄である。「未来への意欲」については聞いてくれないのだ。

新規のアピールよりも、過去の失言や揚げ足をとられそうなポイントの弁護がどこまで上手にできるかが加点基準であり、その自己弁護の延長として、さりげなく新規のアピールも加えられれば混ぜる。「訂正する機会を与えてくれてありがとう」とにっこり笑って、ついでに自己宣伝もしてしまえばいい。突っ込まれることは美学であり、それだけ過去のネタが豊富な「話題の候補者」という意味である。

これを地で行ったのが、1992年大統領選挙のビル・クリントンだった。スキャンダルにつぐスキャンダルの炎に取り囲まれた選挙戦だったが、「弁明」「釈明」と称してステファノポロスらの陣営側近がテレビ番組に出演する枠を局と交渉して確保し、「釈明」ついでに候補者の魅力の宣伝もやってしまう。結果としてスキャンダルもないような平凡な対立候補陣営の番組出演枠はどんどん少なくなり、クリントン陣営がメディアを独占し、議題設定そのものを誘導した。

ただ、このジェームズ・カービルとポール・ベガラというクリントン陣営幹部が好んだ「主流メディア」をハイジャックする手法は、ネット時代の幕開け以前の80年代以降の政治におけるテレビ報道（無料広告）利用全盛時代末期の手法で、情報経路が多様化した2000年代以降のソーシャルメディア時代には、そのままでは通用しない。

番組で「釈明」すれば、どんなスキャンダルも完全に沈静化するという、かつてのテッド・コッペル時代のABC「ナイトライン」や、ラザー、ブローコウ、ジェニングス時代の「夕方ニュース」はもうアメリカには存在しない。

都市部の若年層を中心に、ソーシャルメディア出現後のアメリカ人のテレビ離れや視聴習慣の変容は凄まじく、地上波の夕方ニュースにかつてのような影響力はない。「有名アンカーは要らない。主役はニュースだ」と喝破したCNN創設者のテッド・ターナーのコンセプトが、ターナーが目指したニュース報道の内部改革によってではなく、ソーシャルメディアという「黒船」の出現と絡んで、20年越しで遅ればせながら実現したのはあまりに皮肉である。

さて、大統領選挙ディベートでは、4人の質問者はセクションごとに担当を割り振りし、質問と誰に当てるかを事前に考える。というより、誰に当てるかを考え、そこから質問を逆算している。言い換えれば、どの話題とどの候補者にスポットを当てるかを、番組とジャーナリスト側が勝手に決めていることになる。

「移民についてどう思うか」とか「外交について」とかなにか同じ質問について、すべての候補者が順に答えているように見えるかもしれないが、実際には「特定の政策」についての各候補の政策スピーチをする機会というよりは、候補者が抱える臑《すね》の傷のようなものをセクション内の政策論に強引に引き寄せて質問を決めている。

例えば、8月11日のディベートでは、医療保険について、ロムニーがマサチューセッツ州で導入した医療保険とオバマの医療保険（保守派が批判する「オバマケア」）の類似性を揶揄したポーレンティの「オバマニーケア」という興味深いキーワードをまずポーレンティに当てる。

ポーレンティは必ずその餌に飛びつくので、ポーレンティにまずロムニーを批判させる。そのあとロムニーに弁明をさせる。すると、保守派が穏健派のフロントランナーを追い落とそうと必死に中傷している様と、ロムニーが本当に穏健なのかどうかの両方を浮き彫りにできる。

要するに、「見出し」から逆算して質問を決めている。これが公共的な第三者機関ではなく、スクープを生み出すインセンティブと表裏一体の特定のメディアのジャーナリストが、ディベートの質問者となる弊害である。

「ニュース」を引き出す必然性のジレンマ

大統領選挙ディベートは、各候補の政策に国民として親しむ「政策討論会」としての意義もあるが、「番組作り」の使命からも逃れられない。政治家を出演させる番組の制作者がなにを考えるかは、古今東西共通している。視聴率もさることながら、番組から「ニュース」が出ることを目指す。

「〜について初めて明らかにした」というような「初物」とか、「AとBが争った」とかの相違点や票の食い合いでの喧嘩とか「〜について改めて否定」とか、なにか「見出しが立つ」発言やシーンが飛び出すことを求める。そこから質問や進行を逆算すれば、面白い「番組」になるし、ほかのメディアが引用しやすい。そうすれば番組や局や質問するジャーナリストの威厳や存在感も増す。このサイクルの繰り返しである。

よく記事では「〜は見せ場が作れなかった」という常套句がある。しかし、ことアメリカの大統領選ディベートにおいては「見せ場」を作るにしても、現場の質問者の設定や誘導に大胆には抗えず、綿密に組まれた方向性と真反対に突き進むことは、限りなく不可能に近いことも事実だ。「見せ場」が作れなかったという記事は事実の描写として正しいのだが、「見せ場」を作れるかどうかはディベート会場に入る前に決まっている。言い換えれば、ジャーナリスト達が質問項目とおおまかな流れを策定するときに決まっている。

候補者にできることは、立候補前にどれだけ話題になるような実績や個性的政治活動を展開したかであり、立候補後も通常のキャンペーン過程でメディアが食いつく、カラフルな動きや発言を繰り出しているかである。ディベート会場に入ってしまったら、弁論技術だけで挽回するのは難しい。

質問者を務めたFOXのクリス・ウォーレスは、「(今回のディベートの) 主要な目的の1つは、広範な争点についてミット・ロムニーを彼のライバルと対峙させることだ。ロムニー以外のなかにもバトルはあるが、とりわけロムニーの主要なライバルとなりつつあるミシェル・バックマンとティム・ポーレンティのバトルがある」とディベート開始前に堂々と質問の作戦を明かしている (The Washington Examiner〈Iowa Extra〉, Aug. 11, 2011)。「ロムニー対ロムニー以外」と「バックマン対ポーレンティ」のミネソタ対決は、ディベートの「見せ場」としてウォーレスにとっては既定路線だった。こうしたメディア側の質問による誘導の意図を熟知した上で、それに乗りながらも、議論の流れを自分の方向に引きつけることは並大抵の技術ではない。

CM中のステージ上のドラマ ミシェル・バックマン下院議員のケース

「コマシャールブレイク」と呼ばれる、CM休憩中にステージでいったいなにが起きているのか。よくあるのが「司会者や質問者のジャーナリストと会話する」という行動だ。司会や質問者の議論の進め方に不満があるさいの抗議か、メディア依存度の高い候補が影響力のある司会者に媚を売ろうとするときに有効だ。

また、「ステージの端まで行って聴衆とコミュニケーションする」という候補者もいる。政治家同士のワシントンの「クラブ」よりも、ファンや有権者と直接繫がることに熱心なポピュリストのタイプである。もちろん、「候補者同士で談笑する」という姿も少なくない。ワシントンの仲間や党内人脈に恵まれたワシントン経験の豊富な者に多い。

緊張が抜けていない1度目のCMブレイクでは大半の候補者が壇上を降りないが、CMブレイクが回を重ねるごとに、思い思いに壇上から降りてステージ上でうろうろし始める。そのうちCM明け30秒前になっても壇上に戻らないようになり、「候補者の皆さん、早く戻ってください」とスタッフに叱られるまでに緊張感が崩れる。

「談笑」を誰とするかは、候補者同士の人間関係を知る興味深い指標だ。元々親しいケースもあれば、あえてこのような場で親しさを演出しようとするケースもある。不自然に肩を叩いて議論の健闘を讃えたり、握手を求める候補者がいるが、相手が嫌がったりよそよそしい場面もあり、両者の力関係や本当の親しさがわかって興味深い。本会議場フロアでの議員の談笑の様子を傍聴席から眺めているのにそっくりだ。

ところで、「楽屋入りしてステージから消える」という候補者もいる。2011年8月のディベートでは、2回目のブレイク明けでバックマンが壇上に不在という「事件」が生放送中に発生した。毎回楽屋に消え、CM明けのコールがかかるまで出てこないという行動をしていたバックマンは、2回目のCM明けにステージ帰還が間に合わなかったのだ。CMが明けると会場がざわめきだした。中央の演台が1つ無人状態のまま本番が始まったからだ。

バックマンが毎回CM中に楽屋でなにをしていたのかは諸説あった。「緊張して用を足す頻度が多い」「メイクを人前で直されたくない」「特殊なメイクをしていて番組のメイク担当ではできない」などだ。しかし、あの駆け足での楽屋への消え方は普通ではなかった。現場にいたある共和党関係者の話と私の推論は概ね一致したが、それは政策スタッフ、コミュニケーション担当スタッフなどの側近に、次のラウンドでの発言の判断を仰ぎに毎回楽屋に相談に行っていたというものだ。

ディベートのさいは、スタッフは政策案件ごとに応答要領のカードを作成する。ベテランの政治家はこれを頭に入れて自分の言葉で話すことに長けている。2000年に初めて政治家として、連邦上院選挙を戦ったヒラリーもそうだった。スタッフは膨大なカードを作成したが、驚異的な暗記力と理解力があったヒラリーは事前のスタッフとの勉強会ですべてを頭に入れたので、現場ではほとんど必要としなかった。

しかし、ディベートが苦手な政治家は応答要領が頭に入りきらないことがある。また、次の攻撃にどう備えるか、難しい質問にどう答えるかなどについて政治家本人では判断がつかない。

4回目のCMブレイク中にCM明けまで少し余裕をもって楽屋から出てきたバックマンは、ものすごい勢いでアンカーデスクに駆け寄り、アンカーのブレット・ベイヤーに顔を近づけてなにか話していた。

ベイヤーはCM明けに「アイオワ州エイムズのアイオワ州立大学のキャンパスからお伝えしています」とプロンプター画面の原稿を読み上げると、突然、原稿を無視して「ちょっと手短に。コマーシャルのあいだに、バックマン下院議員に15秒の発言を与えるべきだったことに気がつきました。バックマン議員について少し前に話題が出ていましたので。それではバックマン議員どうぞ」とアドリブで語りだし、きわめて不自然な形でバックマンに発言権を与えた。

バックマンが「CM明けで次のセクションに入る前に冒頭で、反論機会を与えてくれ」と交渉したのは、一目瞭然だった。このような依怙贔屓《えこひいき》、ルール違反と他候補の陣営や支持者に批判されかねないリスクのある「交渉」を、ブレイク中に行うには、スピンドクター（メディア戦略コンサルタント）の指南がないと難しい。バックマンの過剰反応の原因は、CM入り前にサントラムが行ったティーパーティ議員の議会内での経済政策における指導力不足を揶揄した発言だった。

筋論から言えば、FOXがバックマンにサントラムへの反論を許すならば、ポールにも同様の機会を与えるべきだった。なぜなら、サントラムはバックマンとポールの2名を名指しで揶揄したからだ。しかし、ポールはCM中に「交渉」をしなかった。ステージ端で観客や州関係者と談笑するのに忙しかったからだ。そしてバックマンの「抜け駆け」によって反論機会を失った。ディベートは休憩中の秘密交渉でも勝敗を左右するという好例である。

議論の流れを管理しているのは、裁判官のような中立な立場の人間ではなく、特定のメディアのジャーナリストである。発言許可はきわめて恣意的に、時に「ニュース」を出すという組織の存在意義からしてやむを得ないインセンティブから逆算して決められるため、メディアの弱点であるこの点を突けば追加の発言権を得るチャンスはある。CM中の「交渉」は候補者が議論の流れを変える数少ない手段である。

「エスタブリッシュ」メディアへの反発とティーパーティ

「観客」と「メディア報道」のあいだの微妙な認識のズレが露呈することもある。ギングリッチ元下院議長が司会者を叱りつけたことがある。質問者が、ギングリッチが負債を抱え、スタッフの辞職が相次ぐなど選挙戦がめちゃくちゃであるという話をもち出し、それについて答えるよう求めた。ギングリッチは質問を「gotcha question（ガッチャ・クエスチョン）」と称して批判し、「かつてレーガン陣営でも、ニューハンプシャー予備選の当日に13人も上級スタッフが辞任した」として質問は本質論ではないと反論した。「gotcha question（ガッチャ・クエスチョン）」とは相手を罠にはめる質問のことを指す。

別の質問者が、財政赤字削減の方法として、歳出削減と増税の割合は10対1でよいかどうか、候補者全員にその場で手を挙げさせようとしたとき、ギングリッチは質問が終わらないうちから、首を横に振りながら呆れた顔で質問者達を睨みつけた。質問者はあわてて「元下院議長、既に首を振られているようですが。元下院議長、なぜ頭を振っているのですか？　重要な質問ではないですか？」とギングリッチをなだめた。しかし、ギングリッチは「頭を打ち抜くか、右足を切断するか」のような選択肢の作り方が極端で陳腐であると訴えた。

メディア主導の強引な議題設定に対する有権者の積年の嫌悪感は、ティーパーティ運動などの「反エスタブリッシュメント」感情ともないまぜになって露見している。候補者を「落とし穴」に落とすだけの誘導尋問には、党派的な有権者ほど怒りを示す。会場の聴衆は自分の支持する候補が、「落とし穴」に誘い込まれるたびにブーイングで抗議する。

「FOXは卑怯だ」「候補者の魅力を引き出していない」「お互いを罵らせることしか頭にな

い」「建設的な議論をする気がない」「均等に発言機会を与えていない」などの声が、共和党支持の聴衆のあいだに巻き起こる。

ジャーナリストが司会者を務める、現行のアメリカの大統領選挙ディベートのフォーマットそのものに対する深い疑念に始まり、保守系メディアも所詮は「エスタブリッシュメント」の一部だとして敵視するティーパーティやリバタリアンなど草の根保守派――。「リベラルメディア」「保守メディア」の分類ラインでは、善悪・好悪の判断がつかないこともある。

スマートフォンもち込みによる聴衆同士のコミュニケーションと動画問題

興味深いのは観客の観覧方法の変化である。セキュリティでは候補者や来賓の身の安全のため不要な金属製の電化・電子製品、カメラ、PCのもち込みを禁止しているが、携帯電話のもち込みは許されていることがある。しかし、スマートフォンにはそれらの機能が内蔵されてしまっている。

2階バルコニー席から眺めると「景色」は壮観だった。暗い会場に膨大な数の白い光がコンサートのキャンドルライトかなにかのように客席の並び順にゆらゆら点滅しているのである。大半の観客がブラックベリーやiPhoneなどの携帯端末を一心不乱に打っている。候補者の発言について、いちいち会場内外の共和党支持の仲間に「今のロムニーの発言はあり得ない」

「ギングリッチの反論は素晴らしい」と反応を送り合って、会場内外で「会話」している。

私の右隣には一緒に参加した地元アイオワの党委員がいたが、彼女も一心不乱に打ち続けている。彼女によれば、スマートフォンは会場でバラバラの席に散っている党仲間やチケットが手に入らず家でテレビを見ている友人と「会話」するためのツールであり、ツイッターの実況のように、不特定多数に逐一報告する目的の人は少ないのだという。ここに客観目線の「観察者」ではなく、身内の党事に参加している「党派人」の寄り合いたる大統領選挙予備選ディベートの党イベントとしての特質が如実に表れている。

「今のA候補者の発言は社会保守問題について私を悲しませた」「B候補者が反撃しないのはおかしい」など、スマートフォンのメールで党派人同士が候補者の「品定め」などの会話をする。彼らは有名政治家を一目生で見ておこうという感覚で参加した、客観目線の一般人ではない。あくまで党の候補者を「決める」党行事に参加している身内意識が強い。

観客による写真撮影及びビデオ撮影が1時間半のディベートの本番中に延々と行われているのも、通常の番組制作の現場ではあり得ないことだ。FOXが黙認していることは驚きだった。番組の単独主催ではなく、アイオワ州共和党の内輪のイベントに、局が協賛（寄生）して番組化しているという裏事情が絡んでいる。番組だけの単独イベントであれば、生番組というコンテンツの著作権をめぐる観客規制はもっと厳しくできるだろう。

「有名コメンテーターのコラムが読める新聞」というプロモーション

アメリカの政治イベントは、メディアの存在感をアピールする場としても利用される。2011年8月のアイオワでのディベートは、全国的知名度が伸びない「ワシントン・イグザミナー」のプロモーションを兼ねていた。2005年から発行されているワシントン地域のフリーペーパーである。保守系新聞にあったタブロイドのイメージを払拭してリベラル系の新聞に対抗するため、あえて保守オピニオン色を打ち出しているあたり、新聞版FOXニュースである。「イグザミナー」の全15頁のPRパンフレットには4頁から5頁にかけて「弊社ジャーナリスト(Our Journalists)」という小見出しで人物紹介が掲載されているが、コラムニスト的な人物が多い。組織的な取材でスクープを狙うよりも、有名コラムニストにオピニオンを書かせることを目的にした新聞であることが一目瞭然である。

マイケル・バロンを上級政治アナリストに擁し、『ナショナル・レビュー』誌から移籍したバイロン・ヨークのほかティモシー・カーニーなどがいるが、いずれも保守系コラムニストである。このうちヨークとカーニーには、あからさまな党派的「反オバマ」本が著作にある。

ただ、ワシントンに詳しいインサイダー新聞を売りにしているだけに、『ナショナル・ジャーナル』の議員名鑑の編者でもあるバロンのほか、『コングレッショナル・クオータリー』で下院専門の記者だったスーザン・ファッチーオも擁し、ワシントンの人事や議会分析には定評もある。

特筆すべきは、パンディット（テレビ出演の評論家）全盛の時代にテレビと連動するメディアを打ち出している新聞であることだ。コラムニストや記者のテレビ出演をあえて奨励している。前記「Our Journalists」掲載の記者の顔写真は、すべてFOX NEWS、C-SPANなどの出演画面の撮り切りの転載写真である。「バイロン・ヨーク／ワシントン・イグザミナー」と名前と社名が下位置の字幕スーパーで出ているFOXニュース出演中の写真をヨークの紹介写真として新聞のパンフレットで使用している。

第1に、コラムニストや解説委員を自社記者から自前で養成せずに、外部の新聞に安直に依存することを躊躇しないFOXニュースのような後発局が誕生したこと。第2にそれらの局がバランスのとれた真面目な記者リポートではなく、スタジオや中継出演によるコラムニストのオピニオンで報道番組を制作するほうが低コストで視聴率が稼げることに気がついたこと。第3にアメリカの政治的分極化の深まりのなかで、イデオロギー的に保守かリベラルに振り切れた番組やコメントに需要がある風潮。第4にメディアの多様化による新聞媒体の経営的危機にあってなりふり構わぬ他メディアとのコラボレーションが迫られたこと。

これらの4つの背景が重なって、「イグザミナー」のような「テレビでおなじみのあのパンディットが書いている新聞です」という新種のプロモーション形態が完成した。それにより

「『ワシントン・ポスト』の記者の発言だから、同紙記者が出ているテレビなら耳を傾ける」のではなく、「テレビに出ているあの知った顔の人がコラムを書いているから、その新聞を読む」という、逆転現象が生じた。

CNNラリー・キングの降板が象徴するもの

2010年末、1人の放送界の大物がCNNを去った。ラリー・キングである。往年のキングのファンにとって、キングはテレビの人ではない。キングをテレビインタビュアー、ましてやニュースキャスターかなにかだと思っている人は、にわかファンである。「本業」は、美しい鼻濁音で愛されたラジオDJである。ディスクジョッキーとしての勇姿は、80年代のコメディ映画『ゴーストバスターズ』で、ニューヨークのお化け退治に奔走するゴーストバスターズの話題をラジオで語る「本人役」での出演にまで遡って確認できる。

ソフト・クエスチョンと揶揄されたキングの当たり障りのない軽妙な丁々発止は、イデオロギー的に保守かリベラルかに振り切れるメディア風潮のなか、影が霞んでいった。どうして政治言論をやらない不偏不党のキングは飽きられてしまったのか。

アメリカのメディアのイデオロギー偏向は、雑誌媒体では昔からあったことだ。リベラル系『マザージョーンズ』もあれば保守系『ナショナル・レビュー』もあった。特筆すべきは、これまで雑誌や新聞にはあって、テレビには薄かった政治的イデオロギー性が、ネット社会の進行で加速した現象だった。

メディアのイデオロギー度は、専門性の度合いとも比例している。専門性という表現は高尚に過ぎるかもしれない。内容面でのマニアックさと言ってもいい。FOXは偏っている。しかし、その偏りゆえにアメリカの「保守の今」を知る、保守のパルスをはかるには格好の材料だ。客観的なニュースだと思って視聴することは言うまでもなく危険だが、政治的な議論と考えればいい。

リベラル側の番組では、この傾向がより顕著で、レイチェル・マドウのような博士号保持者によるリベラルなオピニオンショーができたことで、マスメディアでも、保守論理のファクトチェックやリベラルの論理をくどい解説で見ることができるようになった。以前はネットの政治サイトで読まなければならなかったような濃い政治言論である。

かつてキングは1992年のロス・ペロー旋風を焚き付けたりもした。しかし、保守の論理、リベラルの論理に深く分け入ることは好まなかった。ラジオ出身の喋りのプロであるキングは、保守でもリベラルでもない上に、自分はジャーナリストではないと公言しているゴシップ好きの司会者であった。「ラリー・キングライブ」末期はますますハリウッドのセレブリティ出演が多くなり、「2つの戦争を抱え経済が疲弊しているときに、チャーリー・シーンの騒ぎなど、

「どうでもいい」と、保守とリベラル双方から愛想を尽かされた。

アメリカの視聴者が飽き飽きしたのは、イデオロギー的に無色透明な中立性のように見えて、それは言い換えれば内容の薄さへの飽きでもあった。情報がネットで簡単に手に入るようになった現在、視聴者は報道番組に激しい議論を求めるようになった。従来はネットに偏った濃い個別の内容を求め、マス媒体には薄く浅くてもいい口当たり重視の番組を求めていた。

注目すべきは、ブログジャーナリズムやソーシャルメディアの浸透期とシンクロしていることだ。つまり、偏りのあるブログで「濃い」情報に対する免疫がある人たちが横のつながりで情報をやりとりする時代のなか、テレビのようなマスの媒体に求めるものも変容してきたのだ。

「番組」をパッケージで有り難く視聴する感覚から、自分で能動的に動画やブログを検索する感覚への変容だ。テレビがリビングルームに鎮座する「家具」のような存在から、スマートフォンやラップトップの画面で見るものに変わったとき、テレビのコンテンツに期待するものも微妙に変化する。番組にもブログ的なものをほしがる。

アメリカのテレビのオピニオンショーや政治的イデオロギーが偏った番組の跋扈《ばっこ》は、かつては客観的だった報道番組にオピニオン部門ができたことによる偏向というより、社会の総ネット化によって、ネット的スタンダードに「感染」を受けていると理解したほうがいいのかもしれない。

ローカル回帰？　アメリカ政治メディア「陰の主役」としてのブロガー

中央の主流メディアが「言論装置」と化していく一方、地域で地元密着の評論を展開しているのが、ローカルの政治ブロガーである。

中央の政治パンディットは「州」内の動きがよく見えない。彼らにとって、各州に地元の事情に精通した、政治関係者とのパイプをどう築くか、電話がすぐできるブロガーを何人もっているかが、コメントに直結する。私が地方のブロガーと談笑していて、目の前で誰かから電話がかかってきて解説しているのは一度や二度ではなかった。電話の相手は、驚くような有名なテレビでおなじみのパンディットと呼ばれる評論家だったり、ワシントンの有名シンクタンクの研究員ばかりだった。

「ネタを無料で提供して、彼らばかり政治に詳しい人としてワシントンで扱われて、悔しくないのか」という私の質問に、多くのブロガーは「別に。彼らは見せかけの商売。本当に政治に詳しい人は、全国調査の世論調査はあてにならないことを知っているし、テレビのパンディットのコメントは表面的で、シンクタンクのパブリケーションはイデオロギー戦略の一部だと知っているから真に受けない」と言う。

完全な棲み分けである。そこには、アメリカ政治の深部を知っている、各州のダイナミズムの現場にいるのは自分たちで、テレビのなかやワシントン空間のなかにいる「有名人」たちに知恵を授けているのは自分たちだという、誇りすら感じられた。

第1に州内外のメディアへの影響力だ。アメリカの全国メディアには日本のような地方支局の体制はない。どうしても政治記事や解説はワシントンの視点中心になりがちだ。しかし、アメリカは50の州という「国」の連合体である。連邦議員の政治行動は地元の票や資金筋で決まる。中央の党ではない。どうしても州政治に詳しいソースが必要になる。そこで各州のブロガーが全国メディアの論調を誘導する傾向がいつしかできあがった。そして州内のメディアの論調にも多大な影響を与える。

そもそも民法も刑法も選挙のルールも州ごとに違うアメリカでは、中央政府の取材だけでは州の動きがまるで見えないという事情もある。例えばアイオワ党員集会の仕組みを正確に知っているワシントンの大手メディアの政治記者はごく希だ。大半は4年に1回、党員集会の直前にあわてて地元の政治関係者に過去の大統領選挙の歴史と一緒にレクチャーを乞う。

第2にスクープの宝庫であることだ。党を越えた情報が、州の名物ブロガーのもとにはタレコミとして届く。信憑性をブロガーが主観で判断して紹介する。リベラルなブロガーが共和党情報に強いことや、保守的なブロガーが民主党憎しでリベラルの情報に強かったりする。

彼らブロガーに共通しているのは政治の実務経験である。実務を通して政治の内部に詳しいことは、マスメディアよりもブログでより直接的に役立つ。経験からくる勘やスタッフ仲間の人脈をフル稼働して、面白いブログを生み出している。正確に早く、客観的にという「報道」とはまったく違う才能と需要がそこにはあるからだ。彼らの知識や適性は、ジャーナリズムというより政治分析に向いている。

ダービン上院議員事務所を経てのちにナンシー・ペローシ下院議長（当時）の首席報道官まで務めたナディーム・エルサミというアラブ系民主党スタッフがいる。私がこの政治コミュニケーションのプロに下院事務所で仕えたさい、担当した論調チェックはまだ新聞がほとんどだった。ヒラリーとゴアの選挙事務所で、アウトリーチをメディア局と連携してするさいのメディアへの目配りも、中国系にしてもパキスタン系にしても「エスニック・メディア」といえば新聞かせいぜいケーブルテレビであり、ブロガーを党大会や政治イベントに入れるようになったのは2000年代の半ば過ぎだった。

「分裂」を深めるイデオロギー装置か、ニュートラルな情報提供者か

アイオワ州の政治なら拙著『見えないアメリカ』（講談社）で紹介したジョン・ディースが有名だ。2011年夏、共和党のミニ集会で約4年ぶりにばったり出くわした。トレードマークのベレー帽姿は変わっていなかった。地元では誰もがディースは民主党系だと知っている。し

かし、共和党のイベントでも彼は歓迎される。「論評がフェア」だというのが彼のブログの党派を越えた評価だ。

ニューメキシコ州のジョー・モナハンもその口だ。モナハンは言う。

「この仕事は10年前には存在していませんでした。私がこの仕事を始めたと言いますか、自分でこの職業を作り出しました。2003年のことです。ブログの黎明期です。政治評論を書いて友達にメールしていたのです。すると『これ面白いから、もっと書いたほうがいい』という感想をもらうようになりました。それから毎日書くようになりました。少なくとも週に4、5回は書いていました。それから、友人が広告主を見つけるのを手伝ってくれました。ブログが始動してかなり初期の頃です。私は無料にはしたくありませんでした。なぜかって？　労力がかかっているからです。お金は儲かりません。しかし、収入が入るようになった。通年で安定した報酬が得られます。かれこれ8年になりますね」

ペンシルバニア州生まれ。1970年代に大学入学のために西部に移住してきた。今ではニューメキシコ州政治に欠かせないブロガーだ。州政治に携わる人で、モナハンのブログを知らない人はまずいない。

アメリカの大学には学生放送局がある。日本の放送部のような同好会とは異なり、テレビもラジオも本格的である。学内のできごとを記事にするのではなく、ローカルの事件や政治を地域のプロのメディアに混ざって伝えるのだ。アメリカではジャーナリズム大学院に通っていたというジャーナリストは必ずしも多くないが、学部時代に新聞部や放送局で活動していなかった人はほとんどいない。実践が生きたジャーナリズムスクールになっているからだ。

それだけに、のめり込むと学業がおろそかになる。モナハンも大学のラジオ記者として74年の中間選挙、76年の大統領選挙を取材。地元ラジオ局のスカウトを受けてそのまま大学は中退した。ラジオ４年目に地元選出の下院議員の事務所に引き抜かれて議会の報道官となった。

「マニュエル・ルージャン議員の報道官に就任しました。のちに父ブッシュ政権の内務長官になった人物です」

共和党の大物だ。モナハンは無党派だと聞いていたのだが、少なくとも若い頃は共和党員だったようだ。

「この経験はワシントンをとりまくものを深く理解するのに、おおいに勉強になりました」

４年ほど連邦議会に勤務したモナハンは、あっさりワシントンを離れる。ＫＡＦＥ ＡＭ＆ＦＭラジオの報道ディクレターとしてサンタフェに戻った。80年代には政治と放送の経験をもとに、ＰＲとコンサルティングの会社を設立して広報にも進出した。しかし、この間もテレビやラジオには解説や評論で出演し続けていた。

「ブログはお金になる仕事ではありません。心底好きじゃないと無理ですね。アメリカでは、多分日本でもそうだと思うのですが、書くことだけでお金が稼げればとても贅沢なことです。メディアに所属せずに、お金を払ってもらうには、あなた自身を買ってもらうことなのです。自営業者です。この仕事のいいところは、中抜きがないことです。広告収入は90％自分の利益になります。コストはＰＣとネット通信料だけですね」

ニューメキシコ州政治については全米一の詳しさだ。主流メディアはモナハンの助けなしには報道ができない。

「テレビのコメンテーターや解説の仕事はよくきます。新聞はニューヨークやＬＡなどからも電話取材がきます。楽しいですね。たいして儲からなくても、貢献できるのが嬉しいです」

彼らのようなブロガーは、ストレートニュースと論説のあいだに線をそもそも引く必要はないという考え方だ。私はあえて報道と言論の混合はジャーナリズムとして邪道ではないかと異論をぶつけてみた。モナハンの回答は率直だった。

「ブロガーとして私はニュースと論評を混ぜこぜにします。私の読者はそれをわかってくれています。しかし、『ＣＢＳイブニングニュース』だったら、それでいいとは思いません。みんなが同じことをする必要がないだけです。まだストレートの報道モデルが存在する場はあります。しかし、私のようなジャーナリズムと政治の実務経験があり、政治的なオピニオンをもった人物の活躍の場もまたあるわけです」

モナハンは政治ブログ成功の秘訣は、自分のオピニオンばかり書くのではなく、他人の面白いオピニオンを紹介して、なぜそのような意見に至るのかの解説をしてあげることなのだという。読者が知りたがっているのはそこなのだと。

「私は政党支持や政治的哲学は、表にはあまり出しません。ある人は私のことをリベラルだと思っていますし、保守過ぎると思う人もいるようです。私のニッチはインフォーマティブ（情報豊か）であることと、エンターテインニング（面白い）であることなのです」

保守とリベラルの分裂を煽る以前に、保守とリベラルの分裂を認めてしまい、自分の立場に確信がもてない人たちに、さりげない情報を与える。保守かリベラルかは、読者が保守かリベラルかによって、相対的に変わるものだからだ。モナハンの客観報道の神話に対する、痛烈かつ念が入った長年の経験からくる批判が根底にあるように感じた。保守とリベラルのような政治偏向は、相対的な「認知」でしかないのだと。

名刺よりも信頼性だけがものをいう自然淘汰の競争の世界で、州政治のプロが連日、朝一番で参照するブログだけが専門の世界での発言権をもつ。政界とメディアの深い関係を表で肯定してしまう、アメリカのメディア空間でこそ生まれた新形態メディアは、伝統的なメディアを補完するインフラストラクチャーに育ちつつある。イデオロギー的な分裂を相対化するのか、それとも分裂を助長するのか。ローカルのメディアが試行錯誤を重ねている。

第5章 「1つのアメリカ」をめぐる分裂

国王と首相を選挙で選ぶということ

アメリカ大統領には「同時代のアメリカ」を象徴する人物と一家が選ばれやすい。いわば英雄像と理想の一家の投影だ。アメリカ大統領職は、イギリスでいえば国王と首相を兼ねたような職務である。アメリカという国は4年に1回、国王（とその一家）を選挙で選んでいると考えるとアメリカがしていることの大胆さと大統領選挙の重みが理解できるかもしれない。

大統領を目指すという政治的な志と野心は生半可なものではないが、さまざまなものを犠牲にして人生を賭けるだけの価値があると思わせるなにかがある。なにしろ普通の人が、選挙で多数さえ獲得すれば合法的に「国王」になれるのだ。

それだけにアメリカの大統領選挙とそれ以外の議員選挙では、有権者の投票行動ならびに就任後の実績への評価基準は、異なるものにならざるを得ない。また、アメリカ人の大統領選びには、支持政党と別の基準もひそむ。大統領選は民主党に入れても、上院議員選では共和党に入れることやその逆は珍しくない。

象徴的な「国王」を手腕や知識量だけで選ぶ人はいない。むしろ多数の国民が誇りと尊敬を心から投影できる、同時代の文化を反映した象徴的な「顔」を選ぶ。人柄やアメリカの文化継承度が問われる。これに「首相」としての統治をめぐる指導力、政治経験と理念に対するチェックが加味されたものが、アメリカの大統領選びである。

ジミー・カーターが勝利できたのは、ニクソン共和党政権のウォーターゲート事件の反動としてのクリーンさが光ったが、保守派にとっては1970年代に勃興した同性愛解放運動や人工妊娠中絶を認めるプロチョイス運動など世俗化の流れに歯止めをかけるため、福音派のキリスト教徒をホワイトハウスに迎えたいという超党派ファクターが重要だった。ロナルド・レーガンは映画俳優、それもシュワルツェネッガーのようなA級ではなくB級俳優であったが、有権者はレーガンの「強くて小さな政府のアメリカ」の理念に心酔した。

前章で見たように、ジョージ・H・W・ブッシュの勝利の鍵は、弱虫イメージを塗り替えるタフさのアピールだった。ビル・クリントンは民主党中道化を率いた功績はあったが、レーガン、父ブッシュと高齢者が続いたことで、「若さ」が求められたことも無関係ではない。また、政策綱領に目を通さない人でも、クリントンが黒人にも愛されるポピュリストであることは知っていた。

「キャラクター」と呼ばれる人格は重要で、大統領ディベートの採点項目ですらある。200

0年にW・ブッシュが得票を伸ばした理由は、エリート臭のするゴアよりも親しみやすい「キャラクター」が好まれたことが少なくない。「核（ニュークリアー）」の発音を間違えるなど、W・ブッシュの未熟なボキャブラリーや学識がリベラルな大手メディアに叩かれたことがあったが、大多数のアメリカ人はあまり重要なことだとは思わなかった。その証拠にブッシュは再選された。

しかし、大統領職の威厳を傷つけるような倫理違反があれば、どんなに有能な政権で景気がよくても2期目のクリントンのように弾劾の対象になる。

アイビーリーグなどの学歴は、「アメリカの正統」を受け継ぐ家柄や毛並みの反映としては望ましい要素だが、オールAのような優等生タイプや、博士号のような不要に高い学歴は時に足かせになる。頭脳明晰なガリ勉よりも、フットボールの選手のようなヒーローが好まれるのは、アメリカ映画のなかに描かれるティーンの世界のようだが、決して冗談ではない。国民はリーダーに、机の上の勉強ができる人物を求めていないのだ。

くだらないことのように思えるが、身長を気にする有権者も少なくない。現代のアメリカ大統領には、極端に小柄な人物が就任したことがない。第1章で紹介したランド・ポールのファンは、「ロンもランドも身長が低いから。議員にはなれるけど、仮に思想が穏健だったとしても大統領にはなれない」と、ポール親子の身長の低さを嘆く。ロス・ペローも身長の低さが足かせとなった。

少なくとも現代においては、大統領が政治手腕や政策だけで選ばれたことはない。政策コンテストでもIQコンテストでもない。有能な政策スタッフを抱えていて、彼らをしっかり掌握する指導力があればいい。アメリカ人は大統領個人ではなく、「プレジデンシー（大統領職）」を尊敬している。

その候補者がアメリカの理想の代表者でいいのか、その候補者一家がアメリカの家庭像でいいのかがとことん問われる。配偶者や家族が、選挙戦に晒されるのもそのためだ。アンフェアな話だが独身や子供がいない人物は圧倒的に不利である。国民イメージを体現した家族を営んでみせることも、大統領一家の仕事のうちだからだ。「国王一家」としての公務領域だ。

アメリカには国教はないが、事実上のキリスト教文化圏であり、市民宗教としての信仰は重要な要素だ。現実的には、キリスト教徒しか当選したことがないし、無神論者の就任も難しいだろう。かつてケネディの就任は、初のカトリックというだけで大事件だった。また、モルモン教は神とキリストの存在についてプロテスタント主流派と異なる解釈をしており、かつては一夫多妻制なども許容していた。モルモン教信仰が保守派内で問題視されるゆえんだ。モルモン教の大統領を選ぶということは、アメリカが異質な宗派や教義の人を国の信仰や文化の代表としても認めることになる。それだけにモルモン教の大統領が誕生すれば、アメリカの内なる寛容さを象徴する変化として思いのほか画期的である。

「帰国子女」にして作家の大統領

したがって、アメリカの場合どちらの党が政権を取るかという政権交代とは別に、どのような人物が大統領になるかが、政権交代の含意や同時代のアメリカの鼓動をはかる上で要となる。カウボーイ的な人物ではない、都市型マイノリティ大統領の誕生は、アメリカ人やアメリカが象徴するものの定義を歴史的に揺るがす意味をもった。しかも、オバマという人物は、単にアフリカ系であるだけでなく、アジア太平洋にルーツをもつ多様性のシンボルのような存在である。アジアや日本からみても、そのルーツは実に興味深い。

カンザス州出身の白人女性と外国人（ケニアからの留学生）のあいだに生まれ、母の再婚相手の故郷インドネシアで少年期を過ごしたオバマは、バイレイシャルにして国際結婚の子であり、アジアからの「帰国子女」だ。大学に進学するまでハワイで過ごし、日系人を中心にアジア系に囲まれて育った。本土の地を踏んだ後は、留学生とルームシェアするなどした。そして作家・詩人を目指す文学青年だった。このような人物がアメリカの代表者として選ばれたことは、短期的な政権の実績とはまったく別の軸で、オバマ政権誕生の評価基準に加えられてしかるべきだ。

オバマは徴兵もされておらず、軍歴もない最初の大統領でもある。ビル・クリントンは徴兵されたが、軍歴はなかった。これが退役軍人の評判を悪くし、最高司令官としての求心力の障害になりかねなかったが、ヴェトナム反戦時代のリベラル層にとってはかえって勲章だった。オバマの軍歴のなさと戦争とかかわりのない人生は、米軍の最高司令官として不適格ではないかとも囁かれた。アメリカは初代大統領ジョージ・ワシントンからして軍人であり、南北戦争の例を出すまでもなく、国民の命を預かり、時には武力をもってしても理念を守ることが期待される、軍のトップでもある。

オバマの最高司令官としての資質への疑義を鎮静させるカードになったのは、コリン・パウエル元国務長官だった。あるネオコン系の安全保障専門家はこのように述べる。

「軍人は本当にパウエルを尊敬している。ラムズフェルドは尊敬されていないが、パウエルのことは尊敬している。そのパウエルが、この男が最高司令官でもいいと言ったことで、軍がオバマを承認することになった。もちろん共和党としてオバマを支持することは大変なリスクと勇気だった。黒人の絆云々よりも、軍歴をパウエル支援がカバーしたことが実は大きい」

「軍人であるべき」というアメリカ大統領の資質に、歴史的な変容が生じた可能性がある。

奴隷制と人種隔離政策に照らして「過去のアメリカ史」から辿る視点では、オバマの歴史的意味は「初の黒人大統領」である。しかし「未来のアメリカ史」においては、オバマの意義は

「アメリカの英雄」の定義変革の転換点として、評価されるかもしれない。

しかし、それだけにアメリカのオバマへの評価は安定せず、反発も大きい。共和党の大統領を民主党のそれにすげ替えた「政権交代」というよりは、アメリカの大統領像の修正という歴史的な大事業と絡んでいるからだ。アメリカの国としてのアイデンティティにかかわる。公約の実践や景気という、現代の大統領の勤務評定として、短期的にはかれる問題を超越している。党内を引き裂く理念的な分裂。アメリカが逃れられない移民と人種をめぐる分裂。「文化」や「思想」を体現する結社と運動の分裂。メディアの分裂。こうした分裂の混合として存在するのが、アメリカの望ましい大統領像をめぐる分裂である。

「ハワイを理解できなければ、バラクを本当には理解できません」

アメリカの伝統的な大統領像にオバマがもち込んだ変容に、アメリカが追いついていないようでいない様は、オバマの生まれ故郷であるハワイの関係者に話を聞くとよくわかる。拙著『評伝バラク・オバマ』（集英社）の取材を通して、友情や親交が芽生えた取材先は少なくないが、ホノルルの小中高一貫私立学校プナホスクールでオバマの恩師だったエリック・クスノキ先生もその1人だ。現在も同校で教鞭を取っており、東日本大震災では真っ先にお見舞いの言葉をくれた。

２０１１年11月。私とクスノキ先生とのハワイでの再会はＡＰＥＣ（アジア太平洋経済協力）と重なった。クスノキ先生は、世界中のメディアから膨大な数のオバマ関係のインタビューを受けてきた。その数は正確にカウントできないほどだという。

クスノキ先生の生徒愛とオバマの少年時代の話に、涙を流す記者も多い。しかし、ほぼ例外なく海外メディアであるという。ドイツ、フランス、イタリアの記者などだ。海外プレスは少なからず「オバマが意味するアメリカ」に興味をもって取材にくる。そしてジャパニーズの恩師の思いやりに触れたオバマとの師弟愛に共感する。

アメリカの記者でそのようなリアクションを見せる者は少なかったという。彼らは概ねハワイの文化には関心がない。ハワイはカリブ海やマリブのような「パラダイス」としてのリゾート地か、真珠湾の軍事基地であり、日系人のサトウキビ移民もネイティブハワイアンや宣教師の歴史も一般的には、ほとんど知られていない。アメリカ本土の大手メディアは、２つのマインドセット（限定された思考）のなかにある。それは第1に、保守とリベラルの党派分裂であり、第2に人種の分断、それも黒と白の伝統的なカラーラインだ。これらの分裂観念をそのままハワイにもち込んで、取材をする。

クスノキ先生が今までに一番不快だった攻撃的な取材は、海外プレスではなくアメリカの某ネットワークの取材だった。民主党穏健派と見られる同ネットワークの有名記者は「今のオバマをどう思うのか」と聞いてきた。クスノキは「質問の意味がわからない」と答えた。すると「支持率が悪いし、経済も悪い。こんな状態でどうするのか」と質問が追加された。クスノキは世論調査への感想を私に聞いてどうするのかと呆れた。

クスノキ先生やハワイの関係者が狼狽しているのは、ハワイの多文化的な風土でオバマが白人やアジア人に混ざって育ったと何度説明しても、信じてもらえないことだった。

第1に、根底にあるのはハワイの文化への理解不足である。ミシェル・オバマが「ハワイを知らなければ、バラクを理解できません」と「シカゴ・トリビューン」のデイビッド・メンデルに対して強調しているように、シカゴ育ちのミシェルが夫を理解するのに必須と痛感したのが「ハワイ」だった。

クスノキ先生は、オバマがハワイではなく、どこか本土の別の都市のインナーシティで育っていれば、現在のオバマになっていないと考えているが、私も同感だ。オバマの作家としての感受性は、環境に同化する特異な性質によって磨かれた。

母親が人類学のフィールドワークで遠い異国インドネシアに住み、白人の祖父母と暮らしていたオバマは、1人で思索したりすることを好んだ。バスケットボール以外に詩のクラブにも入っていた。多文化的な地で想像力を伸ばすには最適だったが、黒人と白人の「踏み絵」を迫られる環境では、人種をめぐる観念や創造性をねじ曲げられた恐れがある。

『ドリームズ・フロム・マイ・ファーザー』という自伝的アフリカ系物語

第2に、オバマ自身が書いた自伝的な小説が世間に影響を与えてしまっている問題だ。『ドリームズ・フロム・マイ・ファーザー』（Dreams From My Father、邦題は『マイ・ドリーム』）は、オバマが書いた小説風の作品で、あるテーマに絞って半生を振り返った作品だ。テーマとは、言うまでもなく「アフリカ系」である。

シカゴに移住したコミュニティ・オーガナイザー時代に、それまでの人生で見たことがなかった、黒人社会に渦巻く同胞意識に感化されたオバマは、家に帰っては手記を書きためていた。その原稿をのちにシカゴ大学で教員になったばかりの頃に清書して出版した。

この種の手記は草稿が書かれた時期と心境がきわめて大切だ。シカゴの黒人社会に受け入れられようと必死になってもがいていた頃、ケニアに父方のルーツ探しに出た旅でインスパイアされ、オバマは「アフリカ系」の人生におけるアイデンティティにテーマを設定して書き始めた。「ある青年のアフリカ系をめぐる人生」である。

そもそも本書は、シカゴ大学にオバマを採用したダグラス・ベアード教授が述べているように、黒人の投票権問題について書く予定で、それが採用の条件だった。法律論が「黒人論」に横滑りし、いつのまにかオバマの人生をモチーフに仕上げることになったという。

その過程で、多くの人物名が仮名にされ、複数の人物は1つに統合された架空のキャラクターにされ、エピソードも加工されている。自身も『ドリームズ』に登場するオクシデンタル・カレッジの文学仲間のマーゴ・ミフリンが、そっと私に教えてくれた。今ではアメリカのオバマウオッチャーのあいだでは知られていることだ。リテラリー・バイオグラフィー（文学的な自伝）としては妥当な方法で、なんら問題はない。

基本的に本書は小説仕立てのアフリカ系物語であり、オバマの人生初期のすべてを書いた厳密な意味での「自伝」ではない。登場人物も経験もパースペクティブも、アフリカ系のアイデンティティの流れに収斂するもの以外は省かれているからだ。大親友だったのに「マイノリティ」ではないため、本書には登場しない人物も多い。オクシデンタル・カレッジでの同居人ポール・カーペンターも、コロンビア大学に一緒に編入してニューヨークでも同居人だったフィル・ボーナーらの記述もない。

ところがオバマが有名人になって、書店の「アフリカ系文化」の書棚にひっそりとあった本書が燦然と輝き、「自伝」として一人歩きを始めた。そのためこの本でオバマに出会った一般の有権者や外国人は、オバマの精神的な根源や問題意識が、ほとんどアフリカ系のアイデンティティと黒人問題に収斂されていると勘違いを起こしたのだと、オバマを直接知る友人や恩師たちは説明する。

ハワイのクスノキ先生も『ドリームズ』について質問を浴びせられてきた。

「こんな本を書くと思いましたか？　本のなかにあなたの知らない黒人オバマが出てくるのでは？」

オバマを直接知る各時代の関係者が言えるのは、これはオバマの「ごく一部」であるということだ。『ドリームズ』も確実にオバマの内面を吐露した大切な作品だが、それは黒人意識に覚醒した人生のある時期、いわば前半生のなかから黒人意識に関係のある人物とエピソードを拾い集めた本だからだ。

関係者は口を揃える。「母方のルーツを探る本を書けば、別のオバマ自伝になる」「インドネシア論を書けば別の本になるし、国際関係論でも、アジア系論でも別の本になる」

『ドリームズ』だけをテキストにしてオバマが書いた数々の文章やオバマ本人そして直接の関係者への聴取なしにオバマ論を確定させることにはかなり危険が伴うと、クスノキやオバマの親友や関係者は警戒している。

とりわけ問題なのはレイという仮名で出てくるキース・カクガワの問題だ。母が日系、父がアフリカ系だったカクガワは本土からハワイへの移住者で、本土を知らないオバマとは育ちが違った。本土で「マイノリティ」として扱われ、ハワイらしくない人種的な攻撃性と防衛本能を身につけてしまったカクガワは反抗的で、何か指摘すると人種差別だと言わんばかりに牙を剝き、周りはなだめた。

インドネシアとハワイで育ったオバマには、そのような意識はなかった。このカクガワが2008年選挙の前後に、アメリカの国内メディア向けに、オバマについて主観の入った人種をめぐる回想コメントを吹聴したことを、ハワイの関係者は気に病んでいる。

オバマの本当の親友グループで、大統領になった今でもハワイ帰省中にゴルフをする仲間は、バスケットボールの白人チームメートで、『ドリームズ』にあるような、カクガワと2人だけの孤立感のある放課後の日々は現実とは異なる。逆に言えば、オバマにとってハワイ時代の「アフリカ系」との接点と言えば、カクガワぐらいだった。

二重性としての「1つのアメリカ」

オバマは「1つのアメリカ」を目指していると言われる。「保守のアメリカもリベラルのアメリカもない」といった2004年の民主党大会での有名な演説にそれが表されている。しかし「1つのアメリカ」をめぐる解釈は一筋縄ではいかない。アメリカが保守とリベラルを捨てて、センターで中和されたようなアメリカになることをオバマが希求したわけではないからだ。

オバマは人種対立を乗り越えるメッセージも発しているし、「脱・人種」的でもある。しかし、これも人種という概念を消し去って、珈琲ミルク色の肌にアメリカ人が還元され、人種やエスニシティなんかこの世から消えてなくなってしまえばいいという理想論ではない。

オバマが言っているのは「二重性」を備えたアメリカでいましょうということだ。保守やリベラルの価値は信仰や文化そのものである。それらを放棄しろというのは、アイデンティティを殺す知的拷問や圧政ですらある。しかし、合意形成が困難なままでは国は前には進まない。お互いが譲り合えるように、保守／リベラル以外の超党派のアイデンティティ「アメリカ合衆国人」という観念もパラレルにもちましょうという呼びかけだ。

そうすることで、保守のため、リベラルのためには許せないことでも、「アメリカのため」という大義名分であれば多少譲り合える可能性を見いだせる。言い換えれば、オバマなりの愛国心の薦めでもある。「1つのアメリカ」論に、風変わりな愛国色を感じて、なんとなく引き寄せられたと指摘するアメリカ人は多い。

また、人種的にもあれほど強い黒人のアイデンティティを求め、理念的にアフリカ系の仲間入りをしたオバマが、易々と人種やエスニックな価値を放棄することを主張するはずがない。オバマ的な「脱・人種」とは、「脱・『人種だけに固執するアイデンティティ』」であり、アイデンティティ政治の隘路にはまって、ほかの人種の利益を何とも思わない利己的な共同体であってはならないというメッセージだ。黒人、アジア人、ヒスパニック、ユダヤ系。なんでもいいがエスニックなアイデンティティを大切にしながら、もう1層別の横断的な意識ももつことを呼びかける。

オバマは「アジア系のアメリカ、ヒスパニック系のアメリカなどなく、あるのはアメリカ合衆国だ」と演説し、人種エスニシティをあえて1つ1つ明示した。逆説的だが、アメリカの個別性、多様性へのリスペクトとしてこれほど効果的な演説はなかった。自分のグループが言及されなければ、それもまた悲しいからだ。演説自体が、エスニシティの自尊心をくすぐる二重構造になっている。

オバマはアメリカの個性をなくし、「中道」で珈琲ミルク色の肌をした、無宗教のアメリカにしようとしているわけではない。むしろその正反対だ。強い個別のアイデンティティを保持しながら、同時に合意の糸口を確保するには、アイデンティティの「二重性」しか鍵はないと考えている。すべてのアメリカ人が、多面的な経験とアイデンティティをもつオバマのようにはなれない。しかし、せめてもう1つぐらいは別のアイデンティティをもとう。それが多民族の実験国家アメリカの生存の使命であろうと、オバマは訴えている。

しかし、それはまた実に大きな理想でもある。渡辺靖慶大教授が指摘するように、少なくとも2008年の大統領選挙で人種やジェンダーが直接の争点になることがなかったのは、人種やジェンダーは「克服」されたのではなく「回避」されたにすぎなかったかもしれないからだ（『アメリカン・デモクラシーの逆説』）。

2009年オバマ就任式、責任と犠牲を求めた保守性

「外国人もオバマの演説に興味をもってくれるなんてこんな嬉しいことはない。日本に有り難うと言いたい。嬉しいけど、どの部分のなにを聴いて、インスパイアされるのか。例えば日本人はなにに感動してくれているのか。公民権運動に共感してくれるのか」

日本でのオバマ演説ブームにちなんでの反応だ。議会スタッフからオバマ政権入りしたアフリカ系の知人は素朴な疑問を私に投げかけた。その後急速にしぼんだ表面的なオバマブームを予兆させる牽制球だった。

たしかに今思い起こしても２００９年１月の就任式の熱気は歴史的だった。就任演説で、ワシントン記念碑まで数キロ広がる緑地帯の「モール」は、チケットをもたない一般客向けに開放される。大群衆の９割以上を占めていたのはチケットなしの一般参加者で、この数と熱気が歴史的だった。２００万人に達する参加者が詰めかけた。

オバマの大統領就任式に集まる人々(2009年1月)

就任式前後のホテル予約は年末までに完売満室状態となり、価格も歴史的な釣り上がりを見せた。ネットでは「1泊だけでも泊めてほしい」とワシントンと近郊の住民に向けて呼びかけられ、部屋を貸す個別契約が横行した。学校や教会単位で、勢いでワシントンに押しかける団体が後を絶たず、観光バスでの「バス生活」も発生した。

2009年就任式当日、最初の群衆の歓声は、ジャンボトロンと呼ばれる巨大モニターにバイデン副大統領一行の車列が映し出されたときだった。拍手や歓声、ブーイングの有無は、オバマ支持か不支持だったかが基準だった。マケイン上院議員の副大統領候補になりかけていたリーバマン上院議員には厳しい声が投げかけられた一方、共和党でありながらオバマを支持したコリン・パウエル元国務長官には大歓声が上がった。

しかし、オバマの演説が始まって、雰囲気が一変した。これから始まる厳しい4年間を予言するかのような冷水を浮かかれた観衆に浴びせた。就任演説でオバマ大統領は「我々は危機のなかにあることは今や明白」と厳しい現状認識から入った。お祭り気分を吹き飛ばすような呼びかけが続いた。とりわけ経済の脆弱化への認識が強調された。「家は失われ、仕事は失われ、ビジネスは破綻した」と述べ、「医療保険」「学校」などの問題点を指摘、「アメリカの凋落は避けがたいという不安」までもち出した。

2008年11月4日にシカゴのグラントパークで私が聴いた勝利演説は、次のように始まった。

「まだアメリカが何でも可能な国だということを信じられない人がいるとすれば、建国者の夢がまだ生きているのか疑念がある人がいるとすれば、民主主義の力に疑問がある人がいるとすれば、今夜がその答えです」

アメリカの「希望」と勝利を実現したアメリカの民主主義への自信の回復を目指していた。

２００８年８月28日にデンバーの民主党全国党大会で聴いた指名受諾演説は、生い立ちを強調するオバマの「物語」とアメリカの希望をリンクさせたオバマ演説の柱となってきたスタイルで、ケニアとカンザスからやってきた２人（オバマの父母）が、アメリカではなんでも息子が達成できるに違いないと信じていたとして、アメリカへの誇りを鼓舞し、一気に演説に引き込んだ。

オバマ大統領就任宣誓式（2009年1月）

しかし、就任演説では「チェンジ（Change）」というオバマ陣営の合言葉は、むしろ「アメリカの再建（Remaking America）」という表現で語られ、抽象的な希望を伴う「変革」への期待ではなく、緊張感をもって危機にあるアメリカを支える現実感を醸し出した。

「今日、我々が直面している試練は現実のものです。それは深刻で多岐に及びます。試練はそう簡単に短期間で解決できるものではありません。しかし、アメリカよ、これらの試練は必ず解決されます」

就任演説を特徴付けたのが、国民の責任や犠牲の強調である。

「政府はやれること、やらなければならないことをやるが、結局はアメリカがよって立つのは国民の信念と決意です」

こう述べたオバマは「新しい責任の時代 A new era of responsibility」では、アメリカ再建をするのは指導者だけの力ではなく、国民1人1人の自覚と協力であることを訴えた。

大統領史家のドリス・カーンズ・グッドウィンは、「人々がシチズン（責任ある市民）になったときにこそ、国が動く。その意味でアメリカは今、移行的な重要な局面にある」として、オバマの演説が国民の責任を鼓舞して、甘やかさなかったことを高く評価した。

キャンペーンのモードから、現実の政権運営モードへの転換の演説であり、オバマ的な「新しいリベラリズム」の確立を目指した。希望と同時に責任を強調する演説は、クリントンのニューデモクラット路線とも違う、オバマなりの保守性の表れだった。

アフリカ系から消えない利益代表の政治

しかし、作家であるオバマの名演説は、リズミカルな語り口と流麗で想像力を掻き立てるレトリックなだけに、かえってメッセージの正確な理解を妨げることもある。聴衆や読者をうっとりさせることとメッセージが無骨でわかりやすいことは別だからだ。

親オバマ派も反オバマ派も、オバマのメッセージをみずからに都合よく解釈する癖は消えない。政府の大きさをめぐる分裂、人種やエスニシティの分裂、文化や信仰の分裂、メディアのディスコース（言説）をめぐる分裂――。「オバマの言葉」の解釈が分裂の先々で違う。ティーパーティは「オバマはチェンジを起こした（だからけしからん）」と言い、リベラル派は「オバマはチェンジを起こしてくれない（だから幻滅するしかない）」と言う。

保守派は「母親が白人のバイレイシャルなので厳密には黒人ではない」と中傷し、アフリカ系は「オバマは黒人なのに黒人のために尽くしてくれない」と、初のアフリカ系大統領をいつまでも黒人の利益代表者としかみようとしない。オバマは黒人なのか、そうではないのか。人種をめぐる二項対立の議論は相変わらずだ。

とりわけアフリカ系は「アフリカ系の大統領を当選させたからには、アフリカ系としてなにか得なことがなければ意味がない」という発想から抜け出せない。たしかにアメリカの黒人政治家は選挙区の黒人有権者の声をほぼ正確に代弁する。オバマが黒人のために尽くしていないという不満の意思表示は、アメリカの黒人の声として少なくないインパクトをもつ。

黒人議員コーカスという黒人だけの議員団がアメリカの連邦議会にあるが、ここに所属している黒人下院議員10名が、2009年12月の金融規制改革法案の下院金融委員会での審議を拒否する事件が発生した。アフリカ系議員の反乱である。ウォール街の金融機関救済でオバマ政権に協力してきたにもかかわらず、「黒人向け雇用対策」が十分ではないという抗議だった。

黒人議員コーカスは、マイノリティが経営する自動車販売店、アフリカ系コミュニティに融資している銀行への支援、マイノリティ系のエスニックメディアに対する政府広告の増強をオバマ政権に要求した。その根底にあるのはヒスパニック系への嫉妬と焦りだ。バーバラ・リー下院議員は声明で次のように書いている。

「アフリカ系の28%が食料援助を受けているが、ラチーノで援助を受けているのは15%で白人は8%である。アフリカ系大卒者の近年の失業率は、白人大卒者を上回っている。アフリカ系労働者の平均失業期間は、アメリカ全体と比較して5週間長い」

オバマは「アフリカ系コミュニティにできる最重要のことはアメリカ全体のコミュニティのためのことと同じであり、経済と雇用を回復することである」と冷静な反応をした。経済の停滞が一因であることは否めないが、オバマが安易に黒人利益の代弁者になることは旧式の人種政治への逆行となる。

エスニックな物語＝日系アンカーウーマンの山形へのルーツの旅

しかし、自文化中心史観や利益闘争などネガティブな「アイデンティティの政治」を越えて、エスニックなルーツを誇る道がないわけではない。オバマの自著に書かれている「アメリカ探しの旅」にインスパイアされ、みずからのルーツを肯定する動きも芽生えている。

火付け役となったのは高視聴率を誇るNBCの朝番組「TODAY」である。4人の出演者がエスニック・アイデンティティを探し求めるシリーズを放送した。出演者がエスニック的に「何系」で、「何世」の移民なのか。アメリカの視聴者も潜在的に大いに興味があった。10年前に放送されたシリーズのリバイバルだが、2008年度版の放送がオバマの大統領候補指名をする民主党の全国党大会中だったことも、「多文化のアメリカ」を連想させた。

女性司会者メルディス・ビエラはポルトガル系で、マサチューセッツ州のポルトガル系新聞発行者の子孫でもある。ルーマニア系とユダヤ系の伝統を受け継ぐ、男性司会者のマット・ラウアー、バハマ移民のアフリカ系で天気予報担当のアル・ロカーの「物語」も興味深いが、日本人にとって見逃せないのは、ニュースコーナーを長く担当しているアン・カリーである。カリーという姓のため、あまり知られていないが、山形県出身の母ナガセ・ヒロエの娘で日系2世だ。18歳で山形から横浜に出たカリーの母は、米海軍水兵のボブ・カリー、つまりアンの父に出逢う。しかし、アンが「日系」であるという認識はアメリカの視聴者のあいだでは薄かった。

特集企画の筋書きはカリーが母の故郷の山形を訪ねるというものだ。「スピリチャル・ジャーニー」として、10年前にも同企画で山形を一度訪れている。番組のロケは御盆に行われた。両親を失った彼女にとって、日本のルーツはさらに重要なものに感じられるようで、仏教への関心も高まったカリーは、地元の寺を訪問する。墓参りしたカリーは「アリガトウ」と唱えて手を合わせる。蕎麦を食べ、灯籠流しをするシーンも撮影され、山形の水田を背景に、自分の日系の生い立ちをリポートする姿は、ニューヨークのロックフェラーセンターの「アン」とはまるで別人だった。

日本の山形の山々や水田の絶景に心を打たれた司会のラウアーは「とてつもなく美しい景色、美しい街」「もしご両親が生きていれば、きっと誇りに思うだろう」と東北の自然と東北の血を半分引く彼女を絶賛した。アン・カリーは感極まって、放送中に涙を流した。

放送を見た日系人のあいだでは様々な反応が生まれた。「アンを見る目が変わった」というものだ。カリーはこれまで日系人である自分の「物語」を語ろうとしなかった。日系であることを知っている日系人社会のなかには、水臭い、冷たいと誤解する向きもあった。

かつてのオバマも、父の訃報を受けてアフリカ行きを決意した。ある時期に「ルーツ」への模索とアイデンティティへの目覚めはなにかの出来事をきっかけに降り掛かることがある。とりわけバイレイシャルは、親のルーツが別々なので、片方の親が亡くなったときにそのルーツの文化への覚醒と興味が深まりやすい。カリーも母親が存命のときは、今ほど自分がジャパニーズであるという意識がなかったのであろう。

日本語の発音を聞く限り、カリーの日本語は付け焼き刃ではない。「日本に関心はない」という噂は、エスニシティとジェンダーの二重ハンディのなか、放送界で「ガラスの天井」を突き破る方便だったのかもしれない。自分はアメリカ人のアンカーウーマンであって、日系アンカーではないと、人一倍見せておかないと、全国放送ではなかなか出世できない。

日系はアジア系であるということに加え、過去の歴史問題に搦めとられる苦難も背負っている。ネットワークの定時ニュースをダイナーで観るような中西部の人に受け入れられるには、彼女なりの考えと苦しみがあったに違いない。地上波の朝の顔は、キャラクター商売であり、画面から滲み出る性格を含めて好き嫌いで判断される立場にある。アメリカ社会で日系人であることを明示して、大衆的人気を維持しているカリーは新境地を築いた。同じアジア系アンカーウーマンで台湾系のコニー・チャンは、台湾のことを電波で大きく扱うことはなかった。

放送で一番驚いたのは日系人や在米日本人視聴者ではなく、普通の中西部、南部の視聴者だった。カリーがジャパニーズであることを初めて知り、日本語を話し、日本の東北地方の田園を歩くカリーが「違う存在」に映った。

2000年の秋に私はニューヨーク市民としてのカリーと仕事の話をする機会があった。民主党のヒラリー陣営・ゴア陣営のアジア系集票の担当者として、マンハッタンのアジア系セレブリティにキャンペーンの支援をお願いするミッションで、カリーに協力の依頼をしたからだ。カリーの自宅に電話をかけた。カリーの返事は残念ながら「特定の政党や候補者の支援は難しいので、ごめんなさい」というものだった。本人の丁寧な対応と、ジャーナリストとして中立を守ろうとする信念は立派で、強い印象として残った。「日系のよしみで快諾してくれるだろう」と安易に考えていた自分を恥じた。

あれから10年以上が経ち、「初の太平洋大統領」が誕生した今、エスニックな「物語」再興をメディアの出演者が旗ふり役として喚起する傾向は、不思議ではないのかもしれない。

「草の根政治」と「ワシントン政治」

アメリカ政治に巣食う病理として、保守とリベラルの二項対立、白黒カラーラインの利益をめぐる政治があれば、「草の根のアウトサイダーの政治」と「ワシントン政治」の断絶と分裂の深さも深刻だ。「反ワシントン」の一点で、リベラルと保守の運動家は連帯する。他方で、既得権益を有するワシントンの政治関係者は、党派を越えた利害がある。この分裂構図をいち早く指摘していたのが、民主党系シンクタンクNDNのサイモン・ローゼンバーグだ。

NDNは、改名前はニュー・デモクラット・ネットワークといった。ニュー・デモクラットとは、1980年代中頃以降に民主党の中道路線への軌道修正に貢献した穏健派の政治家の運動だ。1960年代以降の民主党は、かつての大都市のボス政治家や労働者が支配する政治から、公民権運動、反戦運動、フェミニズム運動に加え、ニューポリティクスと呼ばれる高学歴層による環境保護運動、消費者運動などが優位に立つ政党に変容した。

しかし、少数派の権利擁護による左傾化は社会の主流に受け入れられず、民主党は1980年から3回連続で大統領選に敗北する。経済と福祉の行き詰まりが経済成長を鈍らせ、インフレ率と失業率を上昇させた。結果として「レーガン革命」による保守主義を勢いづかせた。民主党はリベラリズムの修正を余儀なくされ、経済成長と国際的競争力を重視するニュー・デモクラットが台頭した。

「大きな政府ではないが積極的に機能する政府」を訴えたクリントン政権がその象徴で、再分配から経済成長優先への転換、財政規律の回復、国際競争力増大への自由貿易推進、特定の産業を振興する政策などで成果をあげた。労組や環境団体の反対はあったが、北米自由貿易協定（NAFTA）を1994年に発効させた。緊縮財政と規制緩和による経済の安定成長で税の増収が実現し、1998年に財政収支の黒字転換をはたした。

民主党穏健派を糾合してクリントン政権という一時代を築いたニュー・デモクラット派は、2004年の大統領選挙でイラク戦争を擁護したあたりから路線の迷いが生じる。ハワード・

ディーンの旋風をめぐる評価について、2004年の東京大学の久保文明教授によるインタビューに対して前述のローゼンバーグと民主党指導者会議のアル・フロムが異なる見解を示している（「2004年の敗北と民主党穏健派の苦悩」『米国民主党』）。ローゼンバーグはワシントンの「アウトサイダー」の時代の到来をディーン旋風に予見していたが、フロムはディーンに否定的だった。

結果として中期的にはローゼンバーグの嗅覚が鋭かった。党内左派を弱体化させ、民主党を中道に改革する大事業を成し遂げたニュー・デモクラットの背後で、「ワシントン政治」と「反ワシントン」の対立軸が肥大化していた。

「穏健派かリベラル派かの差はどうでもいい。ワシントンの政党政治にうんざり」という「アウトサイダー」が党派を越えて増大していたのが、ディーン旋風の本質であったが、リベラル運動ではあっても、かつてのマクガバンやモンデールのような「左派」とは異質だった。反戦の左派勢力が民主党をハイジャックしようとしているとして、毛嫌いしたニュー・デモクラット派は、オバマ台頭の胎動を見誤ったのかもしれない。

シカゴ大学のリアリスト政治学者ミアシャイマー教授は「ヒラリーはウォリアー（戦士）だな」と私に言ったことがあるが、言い得て妙だ。1993年の医療保険改革の先頭に立ち、保険会社や共和党の撃つ矢を1人で受け止める姿は、殉職を恐れない革命家のようですらあった。共和党との党派戦争の将軍としては、ディベートの達人であるヒラリーのほうが向いているとも言える。有権者がオバマに期待したのは、そうした党派政治と無縁の「アウトサイダー」だったからだ。それだけに、オバマ政権は「アウトサイダー」でなくなれば、政権の存在価値を失うジレンマを抱えている。

ワシントンを目指す野心家か、ローカルの草の根活動家か

アメリカの若者は政治とどう向き合うのか。

アメリカの政治スタッフの若さがしばしば強調される。ジェフ・グリーンフィールドは24歳で、ロバート・ケネディのスピーチライターに就任。1967年のヴェトナム戦争に関する演説、1968年の大統領選挙の演説などを手がけた。1992年のビル・クリントンの大統領選挙を取り仕切った若者2人組、ジョージ・ステファノポロス、ディ・ディ・マイヤーズは選挙運動参加当時29歳だった。パトリック・ブキャナンは、1966年に28歳でニクソン陣営のスピーチライターに参加した。

こうしたワシントンを目指す権力志向の野心的な政治好きの若者は、今でも少なくない。他方で、彼らと政治運動に興味のある「反ワシントン」的な若者の分裂は広がる一方だ。

オバマ選挙とオバマ政権が興味深いのは、必ずしもワシントン好きではない、アウトサイダーの若者を多く登用したことだった。オバマのチームにあっては、「ワシントンが大好き」と

いうのは禁句である。２００８年当時27歳のスピーチライター、ジョン・ファブローは、オバマ選挙の原稿の草稿を節目で手伝ったが、アウトサイダー色が評価されたからだ。

しかし、民衆の味方を標榜する政治家のポピュリズムがもし偽善であれば、政治的な若者のなかでの「ワシントン志向」と「活動家志向」、そしてこうした政治的な若者と政治離れの若者の2方面の分裂は避けられないだろう。

２０１０年3月末、大学に赴任するために日本に帰国する際、シカゴの政治仲間がシカゴの和食レストランで送別してくれた。餞別としてくれたのが、ジョン・エドワーズ元上院議員のスタッフだったアンドリュー・ヤングの書いた自伝『The Politician: An Insider's Account of John Edwards's Pursuit of the Presidency and the Scandal That Brought Him Down』だった。

ジョン・エドワーズ元上院議員の不倫問題についてのスタッフの暴露本として話題になった本だ。本書をあえて私へのお別れのギフトに選んだユーモアセンスのある友人は「リエルが成田までのフライトのお伴をしてくれるから」と微笑んだ。リエルとは本書に登場するエドワーズの愛人である。

エドワーズとリエル・ハンターの不倫事件は、２００８年の大統領選を通して真偽が定かでないままスキャンダルの火種として燻った。エドワーズは愛人であるリエル・ハンターに陣営の宣伝映像を撮らせていた。数分程度の拙い映像作品に大金を支払い、エリザベス夫人との離婚を前提に婚約までほのめかし、妊娠後は人工妊娠中絶を求めるなど、公私混同が激しかった。エドワーズの誠実なイメージは完全に破壊された。エドワーズをかばうためにハンターが産んだ子供を自分の子だと公表することまでヤングは強いられていた。

エドワーズはブルーカラー層の家庭に生まれながら苦学をして弁護士として成功したという、ビル・クリントン的な「アメリカンドリーム」の物語をもっていた人気者で、ケネディの再来との誉れもあった。アメリカはウォーターゲート事件のニクソン大統領の失脚、クリントン大統領の弾劾など政治家のスキャンダルには一定の免疫がある。

しかし、エドワーズの偽善への幻滅の衝撃は、実に大きかった。オバマ勝利に水を差しただけでなく、ワシントンと政治家の印象をますます汚し、政治不信を増幅させた。民主党を去ってティーパーティに参加した元民主党ティーパーティ活動家の少なからずが、かつてエドワーズを応援していた層だったことは、単なる偶然ではなかろう。

エドワーズが庶民派のイメージを対外的には維持しながらも、政策にまるで無関心で見映えとテレビ出演にしか興味のない人間であるということがヤングの筆ではこれでもかと描かれる。ラスベガスでの労働組合のイベントでは、上着の内側に「メイド・イン・イタリー」のラベルが縫い付けられていることを知り、エドワーズはヤングの上着の「メイド・イン・ＵＳＡ」のラベルを服飾店にもち込んで、急いで付け替えるように指示する。ブルーカラー層出身として親しまれていたエドワーズの大衆的人気も、上辺の演出に基づいていたことが暴露されている。

地元事務所スタッフによる「政治」への幻滅

アメリカで議員の側近が本を書くことは少ない。キャンペーンの思い出やホワイトハウスの側近の回顧録などは、ほとんどが著名選挙コンサルタントによるものか、政権の広報の一環としての役割を伴ったものであり、議員の身の回りの世話を日常的にやっていた末端の（しかし議員に実は一番近い）スタッフによる本音は、様々な理由で表に出ることはない。

ヤングは立法補佐官ではない。世論調査に長けた選挙コンサルタントでもない。エドワーズの選挙に無給スタッフとして参加し、エドワーズが上院当選後はノースカロライナ州の地元オフィスで辛うじて採用された。しかし、政策専門家ではない地元スタッフのほうが、ワシントンのスタッフより意外にも議員との個人的関係では距離が近い。

第1に、政治家にとって再選が関心事である以上、選挙民や大口献金者の窓口をしているスタッフは重要である。

第2に、その関連であるが火曜日から木曜日のワシントンでの行動は、金曜日の夜から月曜日の地元選挙区での行動に従属するという当たり前の原則がある。議場でどのような投票行動をするか、議連でどう振る舞うか、どのテレビに出てどのようなコメントを発するか、どの議員と仲良くするか、どの陳情に時間を割くか、大統領や党執行部との距離感をどう取るか、政策も政務も選挙区や支援者が定義する。

そして第3に、これは議員のキャラクターによる要因も混在しているが、地元は議員にとって羽を伸ばし、自分らしさを取り戻す楽しいひとときだ。週末ごとに地元に帰らなくてはならず、パーティや冠婚葬祭で辛いというのは、政策に没頭したいタイプの政治家か、政治家を経験したことのない者の感想であり、アメリカの多くの議員にとって地元はワシントンの政争から逃避できるオアシスである。

ポピュリスト的な政治家は地元が皆好きだ。反ワシントン感情は、リベラルにも存在する。シャコウスキーも「仕事だからウイークデーはしかたなくワシントンに住んでいるが、本当はあんなところに住みたくない。ワシントンでは競争ばかり。皆、もっと魅力的なパーティはないか、なにかもっといいイベントがあるのではないかと、毎日そわそわとうかがっている。どっぷりはまる人もいるが、自分はそうではない。議員でなければ絶対にワシントンなどには住もうと思わない。シカゴがいい」と私によく言う。

「マサはワシントンが好きなのか？　シカゴが好きなのか？」と問いただされ、「シカゴです」と答えると満足げな顔をしているものだ。

たしかに地盤が安定すれば、地元帰りは麻薬のような快感に変わる。表に出るのが楽しくなる。有権者はこの政治家の心理を上手に利用して、議員を通して意向を反映させていけばいい。地元活動や利益誘導はむしろ政治の本分と、アメリカの小選挙区制度では考えられている。

議会詰めのスタッフ、シンクタンク関係者、ロビイスト、全国メディアの政治記者を「ワシントン好き」と仮定すれば、各州から任務で火曜日から木曜日までワシントンに「通勤」している議員たちの心の拠り所は、かなりの程度地元にある。

地元スタッフは「非ワシントン」の議員側の感覚に近い。ケミカルな部分で議員と波長が合う腹心的なスタッフには、立法経験もワシントン在住歴もなく、メディアで名前が出ることもない、無名の者がいたりする。ヤングはこの類型に合致する典型的な「地元スタッフ型腹心」であり、エドワーズが愛人の世話をヤング夫妻に任せきりにするまでにヤングを信頼しきった背景には、ヤングとエドワーズの絶妙な波長の一致があった。

ヤングは地元事務所で運転手に志願するのだが、これがエドワーズとの盤石の関係の礎となった。アメリカの連邦議員には日本の国会議員のように議員車と運転手が割り当てられるわけではない。議員をレーガンナショナル空港からキャピトルヒルの議員会館まで運ぶのは、ワシントン事務所のスタッフであり、同じく地元空港から自宅まで議員を運ぶのは、地元スタッフであり、いわばそのつどスタッフの誰かが「臨時運転手」となる。議員と密室空間の数十分は、雑談以上の深い会話になる。議員の自宅に入り込み、買い物を手伝い、家族ぐるみの付き合いに発展していく。

ヤングはワシントンへの憧れと劣等感から、議会事務所勤務を志願して、一時期ワシントンで議会事務所スタッフを務めるのだが、早々に嫌気がさしてノースカロライナ事務所に舞い戻る。赴任前に出会ったワシントンの議会事務所の同僚達の引用が興味深い。

「でも、アンドリュー、今でも十分望むものを手に入れているじゃないか」「美しい奥さん、赤ちゃん、持ち家、普通の生活という土台。これらはみんな私たち（ワシントン・スタッフ）の誰もが望んでいるけど、決して手に入れられないものだ。どうして君はワシントンにわざわざやってきて、せっかく手に入れたものを捨ててしまおうとするのかい。DCは悲惨（ミゼラブル）な所だよ。ここにいる人間はろくなものじゃない」

これに対してヤングは首を傾げた。

「彼らがなぜそのようなことを言うのか、皆目見当がつかなかった。ワシントンは美しく、エキサイティングでチャンスに溢れた街に見えたから」

アメリカの政治家と秘書との運命共同体はマフィア的？

本書を読んだ政治スタッフのあいだで議論にのぼっていた感想で共通していたのは「どうし

てヤングはエドワーズの隠し子を自分の子だと公言することまでして、エドワーズに忠誠を誓い続けたのか」という疑問だった。「自分だったらそこまでできない」という感想が多かった。

一番簡単な答えは、ホワイトハウスでの職が目前にあったからだ。しかし、エドワーズが大統領になれる可能性が低いことは、ヤングも随所で感じ取っていたはずだ。2008年、アイオワ、ニューハンプシャーで連敗した時点でその芽は摘まれていた。示唆されるのは、「途中下車」ができない政治的な運命共同体の恐ろしさだ。ヤングは次のように述べる。

「愛とか家族という言葉は、力強い絆を感じさせる。／しかし、この絆はまた罠にもなる。／もしこれがマフィアの暗黙の契約のようなものに聞こえたとすれば、あなたは正しい。私の忠誠心は恐怖に由来していた」

政治家と秘書の関係がマフィアに類似している理由として、お互いに弱みを握り合うことにあるとヤングは述べる。エドワーズはヤングに「君は家族だ。今まで私がもったことのない親友でもある」と囁き続けた。

エドワーズは徹底した現実主義者であった。2008年の予備選でヒラリーとオバマのどちらを支持するか揺れる過程で、エドワーズは「ヒラリー・クリントンは理性的に共鳴できる選択肢、バラク・オバマは心情的に共鳴できる選択肢」だとヤングに述べている。

ヤングもまた「現実」に生きた。収入源のすべてをエドワーズに依存していたヤングは、不倫隠蔽に泥沼まで加担しながら「副大統領候補にさせないといけない」として最後まで立ち回り続けた。それを渋々ヤング夫人も支えた。ヤング夫人の生活も夫の上司次第だった。

本書でヤングをこき使う悪女として描かれるエドワーズ夫人のエリザベスも、ファーストレディになるためには徹底して「現実的」であった。エリザベスとは私も2008年1月のアイオワのカフェで話したことがある。

「ロビイストの資金を一切使ってないから、ジョンを信じてほしい」と熱心に語り、私たちを引き連れてアイオワシティのプレハブのような事務所を練り歩き、フィールド活動に勤しむ若手地元ボランティアの慰労をした。同時期のエリザベスが、ヤングを怒鳴りつけ、不倫を察知して苛つく様子も本書に描かれる。激寒のアイオワで、昼食時に労働者の手を握ってまわるエリザベスは実に雄弁であり、自信に満ちており、夫を愛しているように見え、日本から来た私にも時間を割いて熱心に理想を語った。ヤングの暴露本出版後、有権者にろくな弁明もできないままエリザベスは癌で他界した。

本書は、好奇心と理想に燃えてアメリカの政治の現場に飛び込んだ、すべてのアメリカ政治関係者の心に鉛のような重さで響いた。「あのエドワーズですら偽善者だった――」「2004年に民主党のケリーが勝利していたらこんな人物が副大統領になっていた――」「これでオバマにも裏切られたら――」。理想的で情熱的にオバマ選挙のために活動してきたアメリカのピュアな若者のあいだに、誤ったシニシズムが蔓延する徴候がある。

かつての学生ヒラリーがそうだったように、ワシントンは野心的で優秀な若者を集めてきた。しかし、「政策」より「運動」、議会やシンクタンクでの実務経験よりデモという潮流のなかで、ワシントンで働くことまでネガティブな記号になりつつある。ウォール街占拠を訴えるデモに参加したあるリベラル派は、「ジョン・エドワーズ」をアメリカで一番醜い嫌いな政治家に挙げた。

若者は政治への幻滅から希望への脱皮の綱渡りができないまま、戦略も目的も明確ではない「反ワシントン」デモに集うことで怒りの発散をしがちだ。しかし、政治への嫌悪が増幅し、政治家を信用しなくなったとき、なにか別の魅力的な民主政治はあるのだろうか。

迷えるアメリカの若者とウォール街占拠デモの軽いポピュリズム

政治に幻滅した若者をインスパイアしたものが、中東の民主化運動だったとすれば皮肉だ。世界の民主主義の牽引者であり、独裁国家の民主化を促すために戦争も辞さないアメリカの若者が中東の若者の運動に、ちょっとした嫉妬と憧れを感じているとすれば――。

ニューヨークの民主党スタッフの元同僚に、ジャスティン・クレイブがいる。クレイブは「コスモポリティ・コスモス」というニューヨークが拠点のリベラル系団体を率いて、200

5年までに全国100支部にまで育てた。「ドリンキング・リベラリー」という政治会合を毎週1回開催して10年近くになる。

20代から30代の若手の手作りの活動で、ワシントンのシンクタンクや民主党全国委員会の下部組織ではない。「カレッジ・デモクラット」のような学生クラブとは違う若手職業人の会合で、仕事帰りの夜に全国の主要都市で開催される。選挙サイクルごとにニューハンプシャーやアイオワにバスツアーが週末中心に組まれ、ボランティア供給源となっているが、リベラル派と中道派が混ざり合っている。クレイブは毎週、会合の案内をアメリカ流の自由詩的な「俳句Haiku」にして送ってくれる。2011年の3月某日、クレイブから「中東が中西部に出会うとき」という俳句メールが舞い込んだ。

「中東が中西部に出会うとき」
独裁的な指導者は一般市民のデモを無視する
人々の権利を踏みにじり、スケープゴートにする
少数のエリート集団は法を踏みにじる
政治家を買収し、公共の言論を汚し、国富を蓄える
メディアは偏向し、デモ隊を無視してエリートのプロパガンダを幇助する

中東ではそれらを革命の理由と呼ぶ
中西部ではそれをウォーカー、コーク兄弟、FOXニュースと呼ぶ
そしてグレン・ベックはそれをアメリカンウェイと呼ぶ
　違う道があるはずだ

コーク兄弟とは保守派の大富豪でグレン・ベックはテレビで有名な保守評論家だ。ウィスコンシン州で公務員の労働組合の団体交渉権を禁止する法案をめぐる問題で、提案した共和党のスコット・ウォーカー知事に対する反発からデモが発生し、デモ隊が議会を占拠し数ヶ月がかりで弾劾運動へとつながった。

このウィスコンシンのデモはウォール街占拠デモの先例だったのだが、クレイブらリベラル系の若手は中東の民主化運動にインスピレーションを受けていたのだ。クレイブはこれを「中東の希望の季節」と称して、のちにウォール街占拠デモについても、似たような「俳句」をしたためている。

ポピュリズムは、人民の抑圧された不満から湧き出る怒りの形態をとることが少なくない。時としてラディカルであり、人種隔離主義、反ユダヤ主義などの反動的な運動でも表現されてきた。「きょうも人種隔離を、あすも人種隔離を、そして人種隔離を永遠に」と叫んだアラバ

マ州知事のジョージ・ウォーレスの第3政党運動もあった。

クレイブらの運動は明らかにポピュリズム的であるし、具体的な政策提言に欠けているのが弱点だが、政治とアメリカを諦めないという点において、エドワーズに幻滅して虚無主義に陥るような若者よりもよほどましであろう。テイストの軽い「俳句ポピュリズム」でも、ピクニック感覚でデモに参加することがデモクラシーではあっていい。

「ニューハンプシャー予備選を占拠せよ」大統領選挙に飛び火したウォール街占拠デモ

しかし、もし望めるならば、リベラルとばかり飲んでいないで、ティーパーティや保守系のグループとも「俳句」を交わしてみてはどうかと、私はクレイブに助言してみようかと思う。二項対立のマインドセットを離脱して、多様性への寛容をもつことにしかアメリカの未来はなさそうだからだ。ウォール街占拠デモの成果について民主党戦略家の知人は「ティーパーティの存在感を駆逐したこと」「右派を怖がらせたこと」などを挙げている。党派対立上は模範解答なのだろうが、それではティーパーティと共和党との永久戦争しか選択肢が残されていない。オバマが再選されても、同じ4年間の繰り返しになってしまう。

方向性の見えないウォール街占拠デモは2012年に入り、大統領選挙の共和党予備選に主張の場を移し、各地で集会に乱入するデモを行っている。保守とリベラルの分裂のなかで「反エスタブリッシュメント」を訴える彼らも、「反オバマ」「反共和党」を越えて地域の有権者と共同体の一員として対話するしか道はないことに気がついているのかもしれない。選挙はその1つの触媒になる。

リベラルと保守のステレオタイプの隘路

娯楽作品だがケビン・コスナー主演『スイング・ボート』(2008年)という映画がある。ニューメキシコ州の架空の町で娘と2人でトレーラーハウスに住む卵工場労働者のコスナー演じる男は、ひょんなことから大接戦の大統領選挙にあって彼の再投票の1票が勝者を決める状況に追い込まれる。製作陣が2000年にフロリダ州でたった1つの郡の再集計の結果が、ブッシュかゴアか大統領を決める騒ぎとなったことにヒントを得て脚本を書いた。

場面設定は保守的なレッドステーツ(共和党優位州)。主人公はピックアップトラックに乗ってバドワイザーのビールばかり飲んで、ストックカーレースが大好きな保守的な野球帽の男だ。

ここで茶化されるのは、アメリカ政治における保守とリベラル、共和と民主の二元論的な輪切り現象だ。現職共和党大統領と民主党の対抗馬は、コスナー演じる男の歓心を買おうところころと政策を変え、テレビCMを打つ。

記者の「プロライフか？」の質問に、男は「命が大切じゃないやつはいないだろう」と答えると、メディアも政治家も「彼はプロライフなんだ！」と決めつける。工場の同僚でメキシコ人労働者の流入で解雇になった人もいるとつぶやけば「反移民に違いない！」となり、釣りが好きだが釣り場の川が開発されるとなると「環境保護を求めているに違いない！」となる。同性婚については「王様がお城のなかですることは気にするなとオヤジが言っていた」と答えれば、「同性愛擁護者に違いない！」にされてしまう。まるでアメリカ人なら、これらの争点について右か左かに分かれているのが当然かのように言葉尻だけで周囲は敏感に反応する。

この滑稽さに輪をかけているのが、民主党候補が人工妊娠中絶に反対したり、不法移民の取り締まりを強化する一方で、共和党大統領が同性愛万歳、環境保護万歳を謳う「政策の転換」を選挙に勝つためならといとも簡単に行う展開だ。

市民には保守でもリベラルでもない選択肢を選ぶ自由が、アメリカの二元論的な「常識」のなかで許されず、政治家は戦術的な方針転換やポジション取りに汲々とする。これは現実のアメリカにあてはめても十分に通用する批判ではないか。

ソーシャルメディア全盛のアメリカで他者とのコミュニケーションがかつてなく自由に気軽に深くできるようになったが、他方でこれまで生身の人間関係であれば「インデペンデント」

と言って際立たせずに済んだ分裂や対立軸も生じている。

社会の隅々が「保守」と「リベラル」で政治化しているように見えて、じっさいの人間関係ではそれをぼかすことが可能だったアメリカで、民主党支持と共和党支持、右と左の踏み絵を迫られる機会がSNSのFacebookなどで急増したとこぼすアメリカ人の友人は少なくない。Facebookは既に友達である人とネット上でも繋がり、すべての友人に「同時に」自らの近況を知らせる道具として発展した。1対1で、「こっそり」繋がれるシステムではない。

プロフィールの友人リストを見て、「共和党のクラブに入ってるの？　リベラルだと思ってたのに」とか、「銃規制賛成の議員を応援しているの？　知らなかった」「マイノリティの友達がほとんどいないのでは？　どうして？」ということの連続である。新たな友達を増やしつつも過去の友情を破壊し、新たな機会を獲得できれば、得られたはずの機会も失わせる。

アメリカではFacebookのリンクの「誘い」に応じないと「その人と付き合いたくない」というシグナルと誤解されることもある。本来は、既存の友達との絆を強めるメディアが、かえって既存の友達への不信感を醸成している。保守的な友人Aとリベラルな友人Bが犬猿の仲だとすると、それぞれと個別に仲良くしたくても、Facebookでは難しい。アフリカ系としてユダヤ系としてヒスパニック系として、保守としてリベラルとして望ましい「派閥」の踏み絵を迫られる。

結果としてFacebookに加入しない、あるいは加入しても、あたりさわりのないダミーの関係しか公開しない職業人も増えた。ジャーナリストや政治関係は代表例だ。プライベートと仕事の境が曖昧な業種なのでいちいちリンクしてたら「共和党のふりして、民主党の友達も多いのか」となってしまう。取材源が推測されてしまったり、現実の生身のネットワークが崩壊するので自分で自分の営業妨害になってしまうため、なかにはどういう仲間と繋がっているかを表面的に見せるための公用のFacebookを二重にもつケースすらある。

「お前は保守」「あいつはリベラル」「彼女は信心深い」「彼は世俗的だ」――。繋がりを濃くするコミュニケーションのはずなのに、党派や文化をめぐる分裂の扱いで、余計な神経をすり減らす手間を生じさせている。アメリカのサイバースペースもずいぶんと窮屈になった。いっそ〈リベラルな銃保持者〉や〈環境保護に熱心なティーパーティ運動家〉としてアピールしてみてはどうだろうか。アメリカに巣食うステレオタイプの類型を少しずつずらして脱構築していくしか、対話のスペースの確保の方法はないかもしれないのだから。

私たちが少しでもステレオタイプの罠にはまらないように気をつけていれば、1章で紹介したセイヤーのように移民に優しいティーパーティ活動家や、カシディの写真集にでてくるような銃を愛好している民主党員の理念が見えてくるかもしれない。保守のなかにリベラルがあり、リベラルのなかに保守がある。ティーパーティとリベラルはぐるっと1周まわって円を描いて下で繋がっている。アメリカの保守とリベラルは必ずしも、横一列グラフではない。

「ポストオバマ?」1つのアメリカへの挑戦

ピューリサーチセンターが調査した「オバマの超党派路線への評価」をみると、民主党リベラル派の約半数が不満を示している。「反ヒラリー」のリベラル革命で生まれた、政権の宿命からは、なかなか逃れられない。中道化の代償として、リベラル派と労働組合、若年層がオバマから離れれば2012年大統領選挙での再選は危うい。雇用対策を軸にオバマ政権は再び左派ポピュリズム寄りに重心を移しつつある。

他方、「ポストオバマ」のアメリカを狙う共和党は「アメリカへの誓約(A Pledge to America)」という政策公約を打ち出している。⑴雇用創出、経済的不安定を食い止め、アメリカの競争力を高める、⑵制御不能な支出を止め「小さな政府」を実現、⑶医療保険改革廃止、⑷連邦議会改革と信頼回復、⑸アメリカの国内外の安全保障維持、などの項目を掲げ、オバマ政権と全面対決の方針だ。

共和党のポール・ライアン下院予算委員長は、オバマ政権の支出増大や医療保険改革は過ちであり「雇用停滞は増税のせい」という論理を貫いている。委員会は10年間で大統領の予算から6・2兆ドル削減を目指す別の予算案を作成した。

2011年会計年度政策経費をめぐる交渉では結果として政府閉鎖はまぬがれたものの、大統領と下院共和党の双方の睨み合いは、「削減」をめぐる対立とワシントンのデッドロックを象徴するものだった。政府閉鎖寸前までいった責任をめぐり、共和党執行部を追いつめたティーパーティ系議員にも国民の批判が集まった。共和党はティーパーティとの付き合い方を考える曲がり角にきているし、ティーパーティはどこまでRINO狩りを続ければ、よき保守理念が実現できるのか悩む時間が必要かもしれない。右からはティーパーティ運動が、そして左からはウォール街占拠デモが、保守とリベラルのポピュリズムが、アメリカを引き裂いている。

「1つのアメリカ」への道のりはまだまだ遠い。しかし、保守とリベラルの草の根運動の勃興も、黒人やヒスパニック系の人種政治の強調も、いずれも産みの苦しみの通過点である。それらをモグラ叩きのように押さえ込んで、中道で無色透明なアメリカを表面的に維持することが、オバマの言う「1つのアメリカ」の成功とは言えないし、他方で共和党と民主党の対立が激化しているからといって、「1つのアメリカ」に失敗したと結論を下すのも早合点であろう。

オバマの言う「1つのアメリカ」は、保守／リベラルや人種エスニシティの分裂をデファクトのものとして認めた上で、もう1層別に統合的な「アメリカ」というアイデンティティももつ「二重性」の勧めである。熟議型民主主義を唱えるキャス・サンスティーンとシカゴ大学時代からの盟友であるオバマが、これを主張していることになんら不思議はない。異質のもの同士が、熟議で合意と共有の糸口を見つける、もう1層の空間作りという「二重性」への挑戦だ。

「差異」は個性で美徳だが、分裂は対立の温床になる

アメリカは州ごとに免許証もナンバープレートも違うが、各地のナンバープレートを見るのは実に楽しい。州ごとに標語や州を象徴するメッセージが書かれている。ニューハンプシャー州のプレートにある「Live Free or Die（自由かさもなくば死か）」はとりわけ有名である。「自由」をめぐる解釈に幅があるものの、党派を越えて州民がこの独立革命時代の文言に由来するプレートを受け入れているところに、アメリカ的な理念が滲むことは否めない。

理念的な自由の概念は、それが絶対王制や圧政からの自由であろうと、アイルランド移民のようにじゃがいも飢饉のような貧困からの自由であろうと、様々なかたちで大切にされてきたと言ってよい。アメリカの「自由」に夢を見たという意味では、人種隔離からの自由を成し遂げたキング牧師とアフリカ系にも通じる。しかし、アメリカに不法に滞在し、経済的な恩恵だけを受けようとする新しい「アメリカ人」とこの理念の共有は可能だろうか。

この話をすると思い出すアメリカ人の学友がいる。つい最近イラクから帰還した彼は、共和党支持のビジネスマンで、私との議論では常に「自由」の解釈が議題となった。愛国心が強く、志願兵としてイラクに赴いた。イラクに行く兵隊は、職業軍人や経済的弱者だけではない。彼

は経営学修士号（MBA）を取得し、複数の不動産も所有していて生活には困っていなかったが、志願してイラクに2度も駐留し、前線で戦車に搭乗していた。

もともとコミュニティに奉仕したいという公共心が強い男で、大学卒業後は、「アメリコー」というクリントン政権が作った青年協力隊に入って、イエローストーン国立公園で山火事を消火する消防隊ボランティアに長く参加していた。ボランティアで休学ばかりして修士号の取得が遅れた。そんな旧友とはミネソタの山奥のキャンプでマシュマロを焼いて食べたり、日本語を教えたりしながら、アメリカの薄味のビールをよく一緒に飲んだ。彼は生きて戻ったが、命を失った戦友は少なくないという。

軍人ではない彼のような志願兵は、州ごとに編制される部隊に入れられ、しばらくアメリカ国内で訓練を受ける。アラビア語も学んだ。「イラクでどのようなトラウマを抱えるか、抱えないかは、現地でなにをしたか、なにを見たかにより、個人差が大きい」と彼は言う。彼自身、バスラに遠征したときに死を覚悟する出来事に見舞われたが、一番怖いのは自殺テロで、基地の門番が一番危ない任務だという。

ブッシュ政権以来9年間、イラクは撤退時期の見えない駐留先だったが、オバマ大統領はイラク駐留米軍を2011年内に完全撤退させた。イラク撤退はオバマの公約で一番重要なものだった。当初の目論見より時間がかかったが、1期目に駆け込みで公約をはたした。世論調査では、共和党支持者の63％を含む77％がこの撤退に賛成し、反対したのは17％にすぎなかった。

しかし、イラクの民主化実現を目指した9年間に及ぶ戦争のコストは莫大だった。それは単に人命や経済的コストのみならず、アメリカの世界における信頼を傷つけるものでもあった。

遡ること2011年5月には、オサマ・ビン・ラディンを殺害したとオバマ大統領は発表した。2011年になされた2つのオバマの発表は、いずれもブッシュ政権から派生した問題であり、ポスト9・11におけるブッシュ政権時代の負のトラウマを幕引きにもち込むことで、ブッシュ時代の終焉を印象づけた。

オバマ政権は短期的には、再選選挙に向けてブッシュ時代の終焉を象徴するこれらの外交成果で、経済が低迷する内政とのバランスをとろうとするだろう。アメリカの製造業の復活と中間層への優遇を唱えた2012年1月の一般教書演説でも、冒頭ではイラク撤退とビン・ラディン殺害に触れ、イランの核問題にも厳しい態度で臨む姿勢を示すなど外交をアピールした。

しかし、ブッシュとイラク戦争が「きっかけ」だったオバマという存在にとっては、スタートラインに立ったにすぎない。独自の創造的成果はこれからであろうし、ノーベル平和賞受賞者への期待は重い。

オバマは13人のアメリカの英雄を紹介する自著の絵本『Of Thee I Sing: A Letter to My Daughters』で、アメリカの指導者としては避けられない退役軍人への敬意の表明として、将軍や捕虜などの古典的な戦争の英雄ではなく、ヴェトナム戦争戦没者慰霊碑を作ったマヤ・リンを選んだ。アメリカの子供たちに語りかける「偉人像」に微妙な変容をほどこしているところに、アメリカの理念をめぐる分裂の修復点が示唆されている。

政党内の理念をめぐるグラスルーツの運動、新しい人種アイデンティティの勃興、文化や信仰をめぐる結社活動によるインフラストラクチャー作り、新しいメディアの試み。これらがオバマが目指す「二重性」の確保に役立っているのか、それとも単に既存の分裂を強める逆作用だけなのか、少し時間をかけて見極めていかねばならないだろう。

エピローグ

民主党糾合に苦戦するオバマ、「分裂」するティーパーティと保守

トマス・バーン・エドソールとメアリー・D・エドソールが名著『Chain Reaction（邦題：争うアメリカ）』で、人種や税をめぐる対立がアメリカの保守・リベラルの分裂を深めている様相を描いてから約20年が経過した。基本的なアメリカの分裂構造は変化していないが、ヒスパニック系の台頭、メディア環境の進化など、同書が出た1991年には生じていなかった変容もある。

トクヴィルが指摘したように、アメリカは共同体自治の担い手としての結社活動の盛んな国である。政府の力は弱く、コミュニティは教会やさまざまな結社を軸に運営される。しかし、結社は「分裂」の源にもなる。予備選挙で党の候補者を決めるアメリカでは、草の根の利益団体や運動が、いとも簡単に政党の内部に入り込む。政党の一体性は実に脆弱であり、党議拘束もない。選挙区の利害や理念を優先し、自分の党の大統領や議会執行部に楯突く連邦議員も少なくない。

オバマ政権の目玉の1つだったグリーン政策も頓挫している。2009年6月に下院で可決した米国クリーンエネルギーおよびエネルギー安全保障法案(H.R. 2454)は、アメリカで初めてキャップ&トレードを法制化し、企業に温室効果ガスの排出削減を義務づけるものだったが、上院での審議は困難に陥った。下院でも民主党議員のうち44人が造反に回り、僅差での可決だった。造反組はブルードックと呼ばれる保守的な選挙区の議員や、石炭州、農業州の議員たちだった。エネルギーコスト上昇への有権者の不満から、中間選挙対策が優先された。リベラル派にもデニス・クシニッチ下院議員のような「排出規制が甘い」という理由による造反が出た。

ホワイトハウスと議会を1つの党が支配していても法案が通るとは限らず、政策の専門家集団が練り上げた良質の政策が、次々と葬り去られていく。非効率で非合理に満ちたアメリカの政治に疲れて、政権への関与に幻滅する政策専門家も少なくない。しかし、それでもアメリカは理念をめぐる分裂やローカルの利害に基づく民意に票を与え、民主主義の代価を払う。

一方、私がティーパーティの現地調査を本格化させてから1年もたたないうちに、ティーパーティには内部分裂の兆しも見える。ロン・ポール陣営アイオワ州ジョンソン郡委員長のランディ・シャノンも、ティパーティ運動に早々に愛想を尽かした1人だ。サンドラ・マクラフリンによって、アイオワでポール陣営の郡委員長の座に任命されたシャノンは、私にこう言った。

「ティーパーティ運動の黎明期には、私も本当に興奮したものです。しかし、運動は変質してしまいした。後から参加してきた連中が『私はティーパーティです、私こそティーパーティです』と叫ぶものだがら、今や誰もがティーパーティみたいです。ポール下院議員がティーパーティのオリジナルの創成者の1人でした。しかし、現在ティーパーティと呼ばれているものはもはやポールが作り上げたものと異質です。ティーパーティは乗っ取られたのです。ギャリー・ジョンソン（元ニューメキシコ州知事）みたいな古株は頑張っていますが、基本的には乗っ取られました」

シャノンは現在のティーパーティには共和党や主流のエスタブリッシュメントが入り込んできて、彼らの一部に包摂してしまったと主張し、次のように付け加えた。

「彼らは今やバックマン下院議員がティーパーティだと言っています。彼女がティーパーティの新顔だとすれば、私はもうご免ですね」

2012年1月のアイオワ党員集会直前、シャノンはティーパーティ運動よりも、ポール陣営でインデペンデント層と旧民主党層の集票活動に忙殺されていた。求心力のない政治運動は、選挙サイクルの波のなかで候補者の乱立に引きずられて空中分解しやすい。2012年にオバマの再選をなんとしても阻みたい共和党にとって、穏健派のミット・ロムニーを支えない原理的ティーパーティアー（ティーパーティ活動家）は厄介者でしかない。キリスト教右派と軍事保守を、ポール派の原理的リバタリアンから離反させる共和党の戦略は、ポール派以外の保守を一元化するかわりに、ティーパーティ運動の混迷や共和党エスタブリッシュメントへの憎悪も強めてしまった。

もともとアメリカの保守勢力は一枚岩ではない。軍事力を増強すれば「大きな政府」に繋がるし、宗教保守が望むような秩序と個人や企業の自由は両立しない。冷戦期における反共産主義というわかりやすい旗印もあったロナルド・レーガンには、保守を束ねる力があった。「小さな政府」を頑なに求めるティーパーティ運動が体現する今の保守勢力が、レーガンを崇拝しながらも、レーガンが実現した保守団結の包摂的な政治と逆行している様は皮肉であろう。そして「左派のレーガン」を期待されたのがオバマだった。

オバマの妹と私が伝えたかったこと

２０１１年11月、アジア太平洋経済協力（ＡＰＥＣ）がホノルルで開催されたが、オバマの故郷で開かれたこの国際会議の裏で、ある小規模の会合も開かれていた。ハワイ日本文化センターで開かれた『オバマのオバマ』である。発起人はハワイ大学人類学部のクリスティーン・ヤノ教授、そしてオバマのプナホスクール時代の同級生でもある同センター所長のレニー・ヤジマだ。

セレモニーに招待されたバラク・オバマと異父兄妹である妹のマヤ・スートロ・イン博士が

基調スピーチを務めた。オバマと自分の母アン・ダナムのことを娘に語る絵本『Ladder to the Moon』を出版した博士は、「母は人間として共有できることは実に多いと私たちに教えてくれました。哲学、歌、希望、種々の問題——」と述べ、オバマ兄妹における母の存在の大きさを強調した。

博士のことはハワイでは皆、マヤと親しみを込めて呼んでいる。マヤの隣に着席していた私のスピーチは、マヤの次だった。バトンタッチするかたちで登壇した私は、日本人としてなぜオバマの伝記を独自に取材して書くことにしたのか、2009年に日本で刊行したオバマ評伝（『評伝バラク・オバマ』集英社）の背景を解説することで、オバマ論を提起した。

「日本発の『評伝』についてアメリカ人に向けて話してほしい」

そう事前に依頼されていた。アメリカのオバマ論で指摘されなかったことで、『評伝』で強調したのは2つだった。1つは、アジア太平洋の大統領のオバマ。これは単に大学進学までアジア太平洋を出なかったという青少年期の人格形成へのインパクトのみならず、インドネシアを愛した人類学者の母親の深い影響も関係している。教育上の深い影響を授けたのは母だった。2つは、オバマは作家・詩人を目指していた文学者であることだ。私は次のように演説した。

「オバマのコミュニティ・オーガナイザーの恩師にマイク・クルーグリックという人物がいます。彼がホワイトハウスの執務室でオバマと意気投合した合言葉を皆さんとシェアできればと思います。それは『It is time for you to be Obama』です。あなた自身がオバマになる番だと、オバマは誰もがオバマについて語る、そういうことをもうやめるべきだと呼びかけています。願わくば、オバマブームがただのファンやマニアを超えて、1人1人がオバマになにかインスピレーションを受けて行動する、そうなってほしいと私も願っています」

マヤと出席していたオバマの親友たちからは、会合後の雑談や食事の場でスピーチに好意的な謝辞を受けた。マヤは大統領へのメッセージも約束してくれた。しかし、本土ではなくハワイのしかもオバマ関係者の反応でもある。アメリカ全体におけるオバマ観にはどうしても偏りが残る。アメリカにある見えない壁といってもいいかもしれない。

インドネシア訪問をめぐる報道ギャップ

11月の訪問から遡ること同年3月、ホノルルのマノア地区で私はとても小さな会合を催した。テーブルを囲んだのは、人類学者であるオバマの母アン・ダナム博士の指導教授で、ハワイ大学人類学部名誉教授のアリス・デューイ。デューイ名誉教授の弟子で、アンの親友だったナンシー・クーパー客員教授だ。同じくデューイはアメリカの哲学者ジョン・デューイの孫である。クーパーの専門はインドネシアの民族楽器ガムランの楽団だ。

ハワイとインドネシアについて取材に協力してくれた2人とのささやかな「同窓会」だった。

2人はダナム博士のジャワ島の鍛冶工芸についての博士論文にマヤの端書きを加えた『Surviving against the Odds: Village Industry in Indonesia』の出版を実現させていた。私は出版を祝福するとともに、2011年の9月から翌年年始までハワイ大学で開催される「アン・ダナム展」を目前に、インドネシアの人類学研究でオバマの母を見守り続けた2人と意見交換する予定だった。

話題は自然と2010年11月のオバマ大統領夫妻のインドネシア訪問へと移った。クーパー客員教授は、オバマのインドネシア訪問時にちょうどインドネシアに居合わせたからだ。オバマの母がフィールドワークをしていたカジャ村を訪ねていた。

親友の息子が大統領として現地訪問する数日間、インドネシアでその様子をつぶさに目撃したという。クーパーが衝撃を受けたのは、そのときの現地の報道の凄まじさだった。インドネシアは、オバマのすべての行動を放送した。ハリム・ペルダナクスマ国際空港に着いたときから去るまでをすべて中継したのだ。

ミシェル夫人が美しいバティックを身につけた。

「ミシェルの選択は現地のお洒落感覚ではベストではなかったですけれどもね」

茶目っ気たっぷりにクーパーはファッションのチェックもした。しかし、オバマが民族衣装を纏うことはついになかった。モスク訪問も1時間だけで、足早に済まされた。

インドネシア大学の講堂での演説には、「ジャカルタポスト」紙によれば約6500人が詰めかけた。オバマはいつものアメリカでの演説と少し趣向を変えた。ジャカルタの「メンテン地区」出身の少年であることを聴衆に感じさせる工夫をしたのだ。ジャワ語で「これは私の里帰りです」「インドネシアは私の一部です」とオバマが2、3語話したときだ。「聴衆が泣き叫ばんばかりに、うわーっと歓喜し、その歓声が鳴り止まなかった。国中がものすごいパワーで歓迎した」とクーパーは回顧する。

しかし、アメリカではほとんど報道されず、かわりにオバマをイスラム教と結びつけて歪曲するネガティブな中傷がネットに垂れ流された。アメリカではあの熱いインドネシアでの数日が、何もなかったことになっている。「これはさすがにおかしい」。現地で、歓迎熱の一部始終を目撃し、その後アメリカに戻って、ギャップを肌で感じたクーパーの苛立ちはしばらく消えなかった。

どうしてアメリカではオバマのインドネシア訪問がほとんど報道されなかったのだろうか。なるほど、オバマ大統領就任以来、ホワイトハウスの気の遣い方は尋常ではなかった。クリントン政権時代のスキャンダルの連続に学び、メディア報道には神経質かもしれない。しかし、アメリカ国内に堂々とアピールできないアメリカの見えない壁は、オバマ政権をいささか窮屈なものにもしている。

「帰国子女」のオバマとアメリカの壁

オバマの「帰国子女」としての魅力と国際感覚は海外でこそポジティブに受け止められるが、「アメリカの本流らしくない経験」はアメリカ国内では諸刃の剣である。ましてやイスラム教国での経験は、アメリカの大半がどう受け止めていいのか戸惑いを見せる。

2008年オバマ選挙キャンペーンの公式のプロフィールDVDがある。アイオワや予備選での緒戦諸州でオバマの知名度をあげるために、紙のパンフレットとセットで配布したものだ。ハワイで生まれ育って本土の大学進学後は、コミュニティ・オーガナイザーとハーバード大学ロースクールでの経験に焦点が絞られ、議員としての活躍や名演説の断片的な紹介でまとめられている。このDVDを観ても、「帰国子女」オバマの像は浮かんでこない。

オバマは小学校時代の4年間、しかも現地校で完全に現地語での教育を受けた。継父はインドネシア人だが、それ以上に母親が研究者として、また貧困者向けの開発援助を通して生涯を賭けて愛し抜いた国でもあった。オバマにとってはケニアが「遺伝子」だが、観念的に母の影響を受けたのはインドネシアでありアジアだった。インドネシアをすべて日本におきかえて考えるとわかりやすい。例えば「架空」の日本バージョンにあてはめるとこのようになる。

白人のアメリカ人女性が日本人男性とハワイで再婚し、男性の都合により親子3人で日本に「帰国」したとする。時代背景は1960年代末だ。母は日本の村の伝統工芸を住み込みのフィールドワークで研究する人類学者で、日本を愛していた。小学校丸4年間を私立のカトリック系2年間、公立2年間、いずれも現地校で日本人の生徒にまざって、すべての授業を日本語だけで受け、放課後は日本人の子供と遊んだ。クラスにも地域にもアメリカ人の子供はいない。母と日本人の継父の間には半分日本人の血が流れる妹が生まれ、育ての親の祖父母と母を亡くした今では一番親しい直接の家族。継父を介した親族が今でも日本に多くいて、妹は当然、本人も小学校時代に学んだ日本語を少し操れる――。

もしこんなアメリカ大統領が誕生したら、日本の私たちはどう感じるだろうか。インドネシアで起きたのはそういうことなのだ。しかし、アメリカの望ましい大統領像としてはオバマは少し早く大統領になり過ぎたのかもしれない。

「ハワイ」を抱きかかえるアメリカへ

オバマは、2011年APEC首脳会合の冒頭で「私がハワイでスーツを着たのはこれが初めてです」とジョークを言った。事実、ハワイでは帰省の年末休みでもスーツを着たことはなかった。オバマは少年時代も今でも、ハワイでは常にブラックなどの無地のシャツに短パン姿だ。プナホスクール時代も、アフリカ風のデザインのシャツ、それから迷彩的なストライプのシャツを2回ほど目撃したことがある程度だと周囲も述べる。

オバマは恒例の民族衣装での記念撮影を断念した。9%台の失業率を考慮すれば、アロハシャツのリゾート感は国民感情を逆撫でするると懸念される余地はあった。

しかし、アロハシャツはハワイでは正装である。議会の議場でもビジネスの場でもアロハスタイルが敬意の証だ。エジプトコットンの高級なアロハシャツは上品な味わいすらある。しかも、日本の浴衣が発祥で、アジア系移民が世界に広めたハワイ発の民芸でもある。この伝統が同じアメリカでも本土ではまったく知られていない。ハワイは「パラダイス」で、アロハは「バケーション着」でしかない。

「Be the Change（みずからが変革者たれ）」はオバマが好きなガンジーの言葉だと、クスノキ先生は教えてくれた。オバマのオーガナイザー時代の恩師クルーグリックは「It is time for you to be Obama」と言った。J・F・ケネディは有名な就任演説で「国がしてくれることを求めるのではなく、自分が国のためになにかしなさい」と訴えた。

責任を引き受けることなき、抗議のための抗議行動はなにも生まない。また、ウォール街占拠デモやティーパーティ運動の先にあるものが、「大きな政府」であろうが「小さな政府」であろうが、政府への憎しみとオバマへの憎悪に終始してしまうのだとすれば、オバマのメッセージはなにひとつアメリカ人の心に届かなかったことになる。

オバマが「責任を引き受けよう」と呼びかければ、リベラル派から隠れ穏健派と言われ、反戦メッセージを鮮明にすればネオコンやリベラルホークからナイーブと言われ、医療保険に邁進すれば社会主義者だと罵られる。逆のことをすれば、彼らに褒められるのだろうか。それもおそらくないだろう。「フリップフロップ（風見鶏）」と罵られるのがおちだ。

保守とリベラル、黒人と白人、新々移民と昔からいる市民。アメリカの分裂が、分裂本来の意義とパワーをそれなりに保持しながらも、分裂を超克する道筋を探さなければ、オバマは、いつまでたっても「異星人」のような扱いのままだ。

オバマのような大統領を受け入れて理解することは、アメリカ人にとって多文化的なハワイの歴史を本気で理解することでもある。白人の建国史と奴隷制と公民権運動のアフリカ系の記憶が相互に支配的なアメリカの本土の文化からすれば、難しい注文かもしれない。

歴史家のケヴィン・スターが「ゼン（禅）・カリフォルニア」と呼んだカリフォルニア州は人口動態的にはハワイとアラスカを除く48州では1番「アジア化」された州であるが、とりわけカリフォルニアがアメリカの命運を形成する役割を担ったと、ブルース・カミングスは『Dominion from Sea to Sea』で述べている。しかし、それはアメリカが依然として東部を主流とする大西洋国家であり、西部、カリフォルニアはあくまで「アナザー・チョイス（もう1

つの選択肢)」でしかなかったことの裏返しでもある。

カミングスは「ニュー・ライト（新保守）は、間違いなく西部の現象であり、バリー・ゴールドウォーターに始まりロナルド・レーガンに帰結した。しかし、他方でそれは結局のところフロンティア精神とスモールタウンのアメリカの美徳を回復しようとする、文化的、政治的な東部リベラルの優位性への反動でもあった」と指摘する。

「ゼン・カリフォルニア」のさらに遠く向こうにあるハワイを等身大で理解することは、一般的なアメリカ人にとってなかなか容易ではない。オバマの登場へのアメリカの戸惑いは、ハワイと本土のアメリカの関係性の縮図でもある。しかし、かつてミシェルがオバマを丸ごと抱きしめるために必要だったように、ハワイ的なるものを「二重性の窓口」としてアメリカがもつことが、オバマを本当に受け入れることなのかもしれない。ティーパーティ運動の出現も、アメリカが本当の多様性を受け入れる過程の必然だろう。問題は次の世代がオバマが投げかけた「分裂」を乗り越える宿題をどこまで受け継いでいけるかだ。

オバマの乗ったエアフォースワンがオアフ島に到着する頃、ホノルルの夕日の下で、クスノキ先生は私にひとりごとのように語ることで、オバマに日本語でメッセージを送っていた。「ガンバレ　ガマン――」。アメリカを諦めるなと、教え子に呼びかけているように、私には聞こえた。

本書は『オバマのアメリカ——大統領選挙と超大国のゆくえ』に続く、私にとっての幻冬舎新書のアメリカ論第2弾になる。東京財団が主催する「現代アメリカ研究プロジェクト」のウェブサイト「アメリカＮＯＷ」、また大統領選挙チームの「論考」として発表した原稿も加筆修正の上で土台にした。プロジェクトリーダーの東京大学久保文明教授をはじめ青山学院大学中山俊宏教授ほかメンバーの諸先生、東京財団政策研究部の片山正一氏に感謝申し上げたい。

また、私が客員研究員を務める早稲田大学日米研究機構の早稲田大学吉野孝教授、今村浩教授、文教大学前嶋和弘准教授をはじめとした研究メンバーにも多大なる示唆を受けた。そしてシカゴ大学のブルース・カミングス教授、トクヴィルとメルヴィルの世界を通してアメリカ精神に引き込んで下さった元早稲田大学教授の留守晴夫先生にも深くお礼を申し上げたい。

マヤ・スートロ・イン博士とハワイのオバマの同窓生と恩師の皆さんをはじめ、ジャニス・シャコウスキー議員とスタッフ達、ヒラリー・クリントン選挙事務所の元同僚にも、今まで以上に多大なる示唆と協力をいただいた。民主党やリベラル系に留まらず、共和党や保守系の関係者にも本書では様々な支援を受けた。諸般の事情からオフレコ扱いにせざるを得ない関係者を含め、インタビューに応じてくれた方のすべてのお名前をここに列挙することはできないが、「日本のアメリカへの理解が少しでも深まるなら」と取材に応じてくれた皆さんに、心より感謝したい。

アメリカ各地を訪れるたびに、東日本大震災への数多くのお見舞いの言葉を頂戴した。教会活動から酒場のチャリティコンサート、コミュニティ・オーガナイジングの現場まで、アメリカの隅々で、メディアで報じられない末端のアメリカ人やコミュニティが、保守とリベラルの垣根を超えて、日本のために何かしたいと動いている様を目撃することができたのも、偶然にもあの震災前後と取材時期が重なった本書の「アメリカとの縁」であった気がする。

今回も幻冬舎の大島加奈子氏の鋭い感性と手腕に大きく助けられた。改めて深く感謝申し上げたい。

大統領選挙予備選前夜のニューハンプシャー州マンチェスターにて　渡辺　将人

- Alinsky, Saul D., *Rules for Radicals*, New York: Vintage, (1971) 1989.
- Barone, Michael, *The New Americans: How the Melting Pot Can Work Again*, Washington, DC: Regnery, 2001.
- Cassidy, Kyle, *Armed America: Portraits of Gun Owners in Their Homes*, Iola, WI: Krause, 2007.
- Carville, James and Paul Begala, *Take It Back: Our Party, Our Country, Our Future*, New York: Simon & Schuster, 2006.
- Clinton, Bill, *My Life*, New York: Knopf, 2004.（ビル・クリントン『マイライフ―クリントンの回想　上・下』楡井浩一訳、朝日新聞社2004年）
- Clinton, Hillary Rodham, *Living History*, New York: Simon & Schuster, 2003（ヒラリー・ロダム・クリントン『リビング・ヒストリー ―ヒラリー・ロダム・クリントン自伝』酒井洋子訳、早川書房2003年）
- Cook, Rhodes, *The Presidential Nominating Process: A Place for Us?*, Lanham: Rowman & Littlefield, 2004.
- Creamer, Robert, *Listen to Your Mother: Stand Up Straight!: How Progressives Can Win*, Santa Ana, CA: Seven Locks Press, 2007.
- Cumings, Bruce, *Dominion from Sea to Sea: Pacific Ascendancy and American Power*, New Haven: Yale University Press, 2009.
- Cumings, Bruce, *War and Television*, London: Verso, 1992.（ブルース・カミングス『戦争とテレビ』渡辺将人訳、みすず書房2004年）
- Du Bois, W.E.B., *The Souls of Black Folk*, New York: Penguin, 1989.（W・E・B・デュボイス『黒人のたましい』木島始・鮫島重俊・黄寅秀訳、未來社2006年）

- Dewey, Alice G., *Peasant Marketing in Java*, New York: Free Press of Glencoe, 1962.
- Edsall, Thomas Byrne and Mary D. Edsall, *Chain Reaction: the Impact of Race, Rights, and Taxes on American Politics*, New York: W.W. Norton, 1991.（トマス・B・エドソール、メアリー・D・エドソール『争うアメリカ―人種・権利・税金』飛田茂雄訳、みすず書房1995年）
- Frank, Thomas, *What' s The Matter with Kansas?: How Conservatives Won The Heart of America*, New York: Henry Holt and Co., 2004.
- Feldman, Noah, *Divided by God: America's Church-State Problem- and What We Should Do about It*, New York: FSG, 2005.
- Fenn, Peter, "Communication Wars: Television and New Media", in Dennis W. Johnson ed., *Campaigning for President 2008: Strategy and Tactics, New Voices and New Techniques*, New York: Routledge, 2009.
- Fraga, Luis R. and Gary M. Segura, *"Culture Clash? Contesting Notions of American Identity and the Effects of Latin American Immigration",* *Perspectives on Politics*, (Jun., 2006).
- Gerson, Michael J., *Heroic Conservatism: Why Republicans Need to Embrace America's Ideals (And Why They Deserve to Fail If They Don't)*, New York: HarperCollins, 2007.
- Gitlin, Todd, The *Twilight of Common Dreams: Why America* Is *Wracked by Culture Wars*, New York: Owl Books, 1996.（トッド・ギトリン『アメリカの文化戦争―たそがれゆく共通の夢』疋田三良・向井俊二訳、樋口映美解説、彩流社2001年）
- Gullett, Charly, *Official Tea Party Handbook: A Tactical Playbook for Tea Party Patriots*, Prescott, Arizona: Warfield Press, 2009.
- Heilemann, John and Mark Halperin, *Game Change: Obama and the Clintons, McCain and Palin, and the Race of a*

Lifetime, New York: HarperCollins, 2010.

- Hull, Christopher C., *Grassroots Rules: How the Iowa Caucus Helps Elect American Presidents*, Stanford: Stanford University Press, 2008.
- Huntington, Samuel P., *Who are we?: America's Great Debate*, London: Free Press, 2005（サミュエル・ハンチントン『分断されるアメリカ』鈴木主税訳、集英社2004年）
- Jelen, Ted G. and Clyde Wilcox, *Religion and Politics in Comparative Perspective: The One, The Few, and the Many*, Cambridge, U.K.: Cambridge University Press, 2002.
- Johnson, Dennis W., *No Place for Amateurs: How Political Consultants are Reshaping American Democracy*, New York: Routledge, 2001.
- Kazin, Michael, *The Populist Persuasion: An American History*, New York: BasicBooks, 1995.
- Key, V.O., Jr, *Southern Politics in State and Nation*, New York: Random House, 1949.
- Korzen, Chris and Alexia Kelley, *A Nation For All: How the Catholic Vision of the Common Good Can Save America from the Politics of Division*, San Francisco: Jossey-Bass, 2008.
- Leahy, Michael Patrick, *Rules for Conservative Radicals*, C-Rad Press, 2009.
- Larner, Jesse, *Moor & US: One Man's Quest for a New World Order*, London: Sanctuary Publishing, 2005.
- Lubell, Samuel, *The Future of American Politics*, New York: Harper & Bros. 1952.
- Matthews, Chris, *Life's a Campaign: What Politics Has Taught Me About Friendship, Rivalry, Reputation, and Success*, New York: Random House, 2007.
- Mayer, William G. ed., *In Pursuit of the White House: How We Choose Our Presidential Nominees*, Chatham, N.J.:

Chatham House, 1996.

- Mead, Walter Russell, "The Tea Party and American Foreign Policy: What Populism Means for Globalism", *Foreign Affairs* (March / April 2011).
- Mendell, David, *Obama: From Promise to Power*, New York: Amistad, 2007.
- Merrell, Alexandrea, *Rules For Republican Radicals*, Republican Radical Inc., 2010.
- Micklethwait, John and Adrian Wooldridge, *The Right Nation: Why America is Different*, London: Penguin, 2004.
- Moore, James and Wayne Slater, *The Architect: Karl Rove and the Dreams of Absolute Power*, New York: Three Rivers Press, 2007.
- Myers, Dee Dee, *Why Women Should Rule the World*, New York: HarperCollins, 2008.
- Niebuhr, Reinhold, *Man's Nature and His Communities: Essays on The Dynamics and Enigmas of Man's Personal and Social Existence*, New York: Scribner, 1965.（ラインホルト・ニーバー『人間の本性とその社会』津田淳・坪井一訳、北望社1969年）
- Obama, Barack, *Dreams from My Father: A Story of Race and Inheritance*, New York: Times Books, 1995.（バラク・オバマ『マイ・ドリームーバラク・オバマ自伝』白倉三紀子・木内裕也訳、ダイヤモンド社2007年）
- Obama, Barack, *The Audacity of Hope: Thoughts on Reclaiming the American Dream*, New York: Crown Publishers, 2006.（バラク・オバマ『合衆国再生─大いなる希望を抱いて』棚橋志行訳、ダイヤモンド社2007年）
- Obama, Barack, *Of Thee I Sing: A Letter to My Daughters*, New York: Knopf Books, 2010.（バラク・オバマ『きみたちにおくるうた─むすめたちへの手紙』さくまゆみこ訳、明石書店2011年）
- Paul, Rand, *The Tea Party Goes to Washington*, New York: Center Street, 2011.

- Paul, Ron, *The Revolution: A Manifesto*, New York: Grand Central Publishing, 2008.
- Phillips, Kevin P., *American Theocracy: The Peril and Politics of Radical Religion, Oil, and Borrowed Money in the 21st Century*, London: Penguin, 2004.
- Plouffe, David, *The Audacity to Win: The Inside Story and Lessons of Barack Obama's Historic Victory*, New York: Viking Adult, 2009.
- Rasmussen, Scott and Doug Schoen, *Mad As Hell: How the Tea Party Movement Is Fundamentally Remaking Our Two-Party System*, New York: HarperCollins, 2010.
- Redlawsk, David P., Caroline J. Tolbert, and Todd Donovan, *Why Iowa? How Caucuses and Sequential Elections Improve the Presidential Nominating Process*, Chicago: University of Chicago Press, 2010.
- Rove, Karl, *Courage and Consequence: My Life as a Conservative in the Fight*. New York: Threshold Editions, 2010.
- Shapiro, Walter, *One-Car Caravan: On the Road with the 2004 Democrats Before America Tunes In*, New York: Public Affairs, 2004.
- Shea, Daniel M. and John C. Green, *Fountain of Youth: Strategies and Tactics for Mobilizing America's Young Voters*, Lanham: Rowman & Littlefield, 2006.
- Soetro-Ng, Maya and Yuri Morales, *Ladder to the Moon*, MA: Candlewick, 2011.
- Stricherz, Mark, *Why the Democrats are Blue: Secular Liberalism and the Decline of the People's Party*, New York: EncounterBooks, 2007.
- Sullivan, Andrew, *The Conservative Soul: How We Lost It, How to Get It Back*, New York: HarperCollins, 2006.
- Sunstein, Cass R., *Republic.com*, Princeton, N.J.: Princeton University Press, 2001（キャス・サンスティーン『インターネッ

トは民主主義の敵か』石川幸憲訳、毎日新聞社2003年）
- Tocqueville, Alexis de, *Democracy in America*, translated by Henry Reeve, New York: Bantam Dell, 2000[1835].（アレクシ・ド・トクヴィル『アメリカのデモクラシー　第1巻　上・下』松本礼二訳、岩波書店2005年）
- Townsend, Kathleen Kennedy, *Failing America's Faithful: How Today's Churches are Mixing God with Politics and Losing Their Way*, New York: Grand Central Publishing, 2007.
- Viguerie, Richard A., *Conservatives Betrayed: How George W. Bush and Other Big Government Republicans Hijacked the Conservative Cause*, Los Angeles: Bonus Books, 2006.
- Young, Andrew, *The Politician: An Insider's Account of John Edward's Pursuit of the Presidency and the Scandal That Brought Him Down*, New York; Thomas Dunne Books, 2010.
- 上坂昇『神の国アメリカの論理—宗教右派によるイスラエル支援、中絶・同性結婚の否認』明石書店2008年
- 久保文明編『米国民主党—2008年政権奪回への課題』日本国際問題研究所2005年
- 森孝一「宗教と社会—なぜアメリカは、かくも宗教的なのか?」久保文明編『超大国アメリカの素顔』ウェッジ2007年
- 吉野孝・前嶋和弘編著『オバマ政権はアメリカをどのように変えたのか——支持連合・政策成果・中間選挙』東信堂2010年
- 渡辺靖『アメリカン・デモクラシーの逆説』岩波新書2010年
- 渡辺将人『現代アメリカ選挙の集票過程—アウトリーチ戦略と政治意識の変容』日本評論社2008年
- 渡辺将人『見えないアメリカ—保守とリベラルのあいだ』講談社現代新書2008年
- 渡辺将人『オバマのアメリカ—大統領選挙と超大国のゆくえ』幻冬舎2008年
- 渡辺将人『評伝バラク・オバマ—「越境」する大統領』集英社2009年

著者略歴

渡辺将人

わたなべ　まさひと

一九七五年東京生まれ。

北海道大学大学院メディア・コミュニケーション研究院准教授。

シカゴ大学大学院国際関係論修士課程修了。

ジャニス・シャコウスキー米下院議員事務所、
ヒラリー・クリントン上院選本部=アル・ゴア大統領選
ニューヨーク支部(アジア系集票担当)を経てテレビ東京入社。

報道局「ワールドビジネスサテライト」、政治部記者として総理官邸、外務省、国会担当。

コロンビア大学、ジョージワシントン大学客員研究員を経て現職。

専門はアメリカ政治・外交。

第五回中曽根康弘賞優秀賞(公益財団法人世界平和研究所)受賞。

『評伝バラク・オバマ』(集英社)、『見えないアメリカ』(講談社現代新書)、

『オバマのアメリカ』(幻冬舎新書)、『現代アメリカ選挙の集票過程』(日本評論社)、

『アメリカ政治の現場から』(文春新書)など著書・訳書多数。

watanabe5075@hotmail.com

幻冬舎新書 253

分裂するアメリカ

二〇一二年二月二十九日 第一刷発行

著者 渡辺将人
発行人 見城 徹
編集人 志儀保博
発行所 株式会社 幻冬舎
〒一五一―〇〇五一 東京都渋谷区千駄ヶ谷四―九―七
電話 〇三―五四一一―六二一一(編集)
〇三―五四一一―六二二二(営業)
振替 〇〇一二〇―八―七六七六四三
ブックデザイン 鈴木成一デザイン室
印刷・製本所 中央精版印刷株式会社

GENTOSHA

検印廃止

Printed in Japan ISBN978-4-344-98254-3 C0295
わ-3-2
幻冬舎ホームページアドレス http://www.gentosha.co.jp/
*この本に関するご意見・ご感想をメールでお寄せいただく場合は、comment@gentosha.co.jpまで。